調子悪くてあたりまえ近田春夫自伝

構成：下井草秀

リトルモア

調子悪くてあたりまえ近田春夫自伝

本書は、2019年5月15日、28日、6月10日、18日、7月1日、8日、16日、23日、29日、8月5日、19日、26日の計12回、約40時間にわたり近田春夫氏へ行ったインタビューをまとめたものです（取材・構成＝下井草秀）

1　NASU-KYURI　1951-57 誕生

俺が生まれたのは、１９５１年の2月25日。最初に暮らした家は、世田谷区の中町というところにあった。生後すぐに引っ越しちゃったから、中町に関する記憶はひとつも残ってないんだけどね。

１歳になるかならないかぐらいで、同じ世田谷区内の等々力《とどろき》に借りた土地に親が家を新築して、そこに住むことになった。

場所は、玉川神社の裏にある満願寺の近く。当時、あの辺りはまだ畑ばっかりでさ。家の向かいにあった畑では、ナスやキュウリやトマトやトウモロコシが栽培されていた。

等々力駅前の道路も未舗装の砂利道だった。家の前に至っては、砂利すら敷かれていない吹きっさらしの土のまんまの道。さらに、小学校の終わりぐらいまでは下水道が通ってなくて、トイレは汲取り式だったからね。今の等々力の街並みからは信じられないけど、本当にド田舎だったんだ。

自宅の敷地は１００坪ぐらい。庭はすごく広かった。雑草なんかも茂り放題で、ワイルドな感じを保っていてね。それが母親の好みだったんだ。なかなか風情があったね。

もともと畑だったところなんで、土壌がすごく肥えてるんだよ。食べ終わったものの種を放り投げておくだけで、木が生えてくる。柿、栗、梅、枇杷、夏ミカン、そして山椒の実……。木々に生った実が、しょっちゅう食卓に載っていたね。

その一方、建物自体はさほど広くなかった。簡素な平屋で、ピアノのあるリビングと両親の寝室、俺の勉強部屋があって、あとは台所にトイレ。

和室は両親の寝室だけで他はみんな洋室という作りは、当時としては珍しかったんじゃないかな。実家は、安普請ではあったものの、ちょっとモダンで洒落ていたのかもね。考えてみれば俺は、今に至るまで一度も畳の部屋でちゃんと生活したことがないんだよ。


近田家のルーツは北海道にあるんだ。父方の祖父母は、どちらも北海道出身。

今はもう、向こうで暮らす親戚との付き合いはないんだけど、道内のどこかで熊牧場を経営してた親戚もいたっけ。恐らく、先祖は明治以降に向こうに渡ったんだと思う。詳しいことは全然分からないんだよね。祖父母ともに裕福な家の生まれだったそうで、特に、祖母の実家はすごい金持ちだったらしい。

祖父は東京に出てきて大学を卒業して、その後はどこかの会社に勤めようと思ったんだけど、とにかく朝起きるのがつらかった。それだったらもう自営で仕事をするしかないということで、計理士、つまり今でいうところの公認会計士と税理士の免状を取って、会計事務所を開くんだ。仕事場を兼ねた自宅は新宿の大京町にあった。有名な寄席の新宿末廣亭も顧客だったから、小さい頃、末廣亭にはタダで入れたんだよ。それほど頻繁には足を運ばなかったけど。

1916年にその大京町で生まれたのが、近田裕《ひろし》。俺の父親だね。

中央大学を出て、NHKに就職。NHKを選んだのは、報道機関に入ると徴兵を免れるからという理由だったらしい。

その後、単身、出向の形で大陸に渡り、満洲電信電話という会社が経営していた放送局に赴任する。

父親が働いていた頃の満洲は、まだ戦争の脅威にもさらされることがなく、夢の国のようなところだったと聞いたよ。街並みはヨーロッパそのもの、生活スタイルも内地とは違い、テーブルと椅子が基本だったってね。

向こうでは、同じくNHKからアナウンサーとして派遣されていた森繁久彌さんとも親交を結んだそう。大して仕事もせず、毎晩一緒に飲み歩いてたみたいだけどさ。年齢は森繁さんの方が上なんだけど、役職的には父親の方が上だったというね。

戦後にラジオDJの先駆けとなる糸居五郎さんも当時同じ局でアナウンサーを務めていたから、父親は糸居さんとも付き合いがあったらしい。

戦況が悪化する前に日本に戻ったので、父親はソ連による侵攻の時みたいなひどい目には遭っていない。満洲に残っていた森繁さんが終戦の翌年、東京に引き揚げてきた際は、身を寄せる先のなかった彼を、しばらく実家に住まわせていたこともあるんだって。

森繁さんには、俺も一度だけ会ったことがある。中学生の頃、千歳船橋にあった森繁邸の庭で毎年開かれていたパーティに家族で招かれたんだ。小雨模様の中、ゲストとして歌手のアイ・ジョージと志摩ちなみが歌ってたことを覚えてる。その時、俺は森繁さんに頭ぐらい撫でてもらったような気がするな。

帰国後の父親は、NHKからどこかの新聞社に移り、その後、TBSの前身に当たるラジオ東京を立ち上げるメンバーの一人になるんだ。


父親に後れること4年、新潟で生まれた母親の旧姓は安沢、名前はユキ。母方の祖父の男兄弟はみんな優秀で、祖父以外は全員東大を出ているらしい。

祖父だけがなぜ例外になったかといえば、子どもの頃から正義感が強く、それが高じて共産主義に凝っちゃって、いろいろゴタゴタがあって大学に行けなかったんだって。

その後、同郷の祖母と一緒に上京して、東急池上線の長原でペン軸の工場を始めることになる。今はもう滅多にお目にかかれないけど、その昔は、木製のペン軸に金属のペン先を挿して使っていたんだよ。工場では、軸を回転させながら、周囲に塗料を塗っていく作業を繰り返していたことを覚えてる。

東京で育った母親は、赤坂の山脇高等女学校に進む。

その頃、祖母から「これからの時代は、女の人も社会に出て自活できる術を学んだ方がいい」と諭され、今の東京藝術大学、当時の東京音楽学校を目指そうと決意を固めるんだ。とはいえ、ピアノを始めたのは結構遅かったから、腕前もそこそこで、器楽科に入るのはちょっと無理なわけよ。だから、音楽の教師を育成する師範科を受け、そして合格を果たす。

女の人が上の学校に通うこと自体が珍しい時代だったから、割とモダンなタイプだったんだろうね。卒業後は、函館や諏訪で音楽の先生をやってたみたい。

学生の頃かその後なのかは分からないんだけど、うんと若い時分にはＮＨＫのラジオの劇団にも入ってたらしい。「女優になりたかった」という話も聞いたことがあるよ。

実は、俺の両親は再婚同士だったんだ。

父親は、最初の奥さんを病気で亡くしている。その前妻との間に女の子を儲けていて、それが腹違いの姉貴になる。10歳年上で、自分にとっては唯一のきょうだいだね。でも、これぐらい年が離れていると大人と子どもだし、お姉さんという感じはしなかった。

そもそも、一度も一緒に暮らしたことがない。姉貴は、父親が満洲に単身赴任したこともあり、ずっと父方の実家で育てられていたんだ。まあ、かわいい孫だから、おじいちゃんおばあちゃんのところにいた方が待遇はいいし、不満はなかったんだと思うよ。

母親が一度目に結婚した相手は、いわゆるホモセクシャルだったの。新婚旅行に出かけても指ひとつ触れてこないから変だなとは思ったらしいんだけど、昔の人は性的な知識が乏しかったし、「そういうこともあるのかな」ぐらいに考えていてさ。でも、当時は子どもができないといろいろと言われるじゃない？　それもあって、すぐに別れちゃったらしい。

そんな経緯があった後、俺の両親は見合いを経て結婚する。そして、俺が生まれたというわけ。

一番古い記憶というと、養豚場の匂いじゃないかな。上野毛駅から自分の通っていた幼稚園まで歩いていく道の途中に、養豚場があったんだよ。嗅覚に対するその刺激は、鮮烈に残っている。

知性の芽生えというと大袈裟だけど、自らが抽象的な概念に輪郭を与えたことを自覚した初めての体験は、４歳の時のこと。

幼稚園の滑り台の上で、ふと、正月にカルタ遊びをした時の「三つは去年の僕の年」っていう読み札の文句を思い出したんだよ。その瞬間、ああ、去年は3歳だったんだなあ、1年ってこういう風に経つんだなあ、という考えが頭にひらめいたことを覚えてる。

幼稚園の時の自分は、頭の回転だけやたら速くて口は達者なんだけど、ひどい弱虫だったんだよ。毎日、幼稚園まで母親が送ってくれるじゃない？　本当ならすぐに母親は帰っちゃうわけだけど、そうすると泣いちゃうんで、しょうがなく母親が外で待ってたんだ。雨の日でも傘差してずっと待ってたというから、相当厄介な子だったよね。

上野毛幼稚園は今や、慶應や青学といった私立小学校受験に強いことで評判らしいね。まあ、俺の通ってた当時から、割と名門ではあったみたい。

慶應大の国文科の教授でタレント学者の先駆けだった池田彌三郎《やさぶろう》さんという有名な先生がいるんだけど、その次男の池田諸苗《もろなえ》さんという人が、幼稚園の1級上にいた。俺は「モロちゃん」って呼んでいて、ずっとかわいがってもらってたの。その後、モロちゃんは、幼稚舎から大学までずっと慶應に通うことになる。実は、人生の節目節目で俺に転機を与えるキーパーソンなんだよね。

当時、世の中ではIQ、つまり知能指数を測定することがブームになっていた。それに興味を持ったうちの親が、俺を連れてIQを測りにいってみたわけ。

そしたら、もう書類が残っていないから信じてもらえないかもしれないけど、その数値が169を記録してしまった。これ、天才ってことなんだよ。

そのIQだったら、ひょっとして慶應幼稚舎も受かるんじゃないかと父親が言い出して、受験用の塾にも一切通うことなく、何の準備もなしに試験に臨むことになった。

まあ、それ以前から姉は東洋英和女学院の小学部に通わせていたし、「どうだ、カッコいいだろ」っていう見栄の次元の発想だったのかもしれないけどね。

そうそう、さっきの諸苗さんのお母さんというのがすごく優しい方で、うちの母親とも仲良くしてくれていた。息子の俺に慶應幼稚舎を受験させるに当たっても、先輩として何かアドバイスをくれた可能性はあるね。

あの頃はまだ、今みたいに受験熱は高くなかったから、慶應幼稚舎の存在自体、あまり世間には知られてなかったね。小学校じゃなくて幼稚園だと勘違いしてた人も多かったぐらいで。

受験会場は、広尾にある幼稚舎の医務室かどこかだった。ただ、試験が始まる前に、俺は何かのきっかけで他の男の子と取っ組み合いを始めちゃったらしいんだよ。当の本人はよく覚えてないんだけど、先生がとっさに止めに入るぐらいの大喧嘩だったそう。

付き添っていた母親は、その立ち回りを見て真っ青になってしまい、肝心の試験を受ける前の段階で合格をあきらめたと言っていた。そりゃそうだよね。どれだけ成績がよくてもダメだと思うよ。

……しかし、結果は合格だった。

試験自体は、拍子抜けするぐらいに簡単でさ。だって、幼稚園児なんだから、字だってろくに書けやしないじゃない？　床に描いた川の絵の上に散らばったクリップの付いた紙製の魚を、磁石をぶら下げた竿で釣り上げたり、積み木をやらされたり、まるで遊びみたいなのばっかり。

一応、面接もあった。先生からいろいろな質問を受けるんだけど、その内容が幼心にもあまりにつまらないものだったので、全部適当に思いつきで答えちゃってさ。

そもそも、会場に何しに来てるのかすら自分ではよく分かってなかったんだから、ひどい話だよ。ひょっとすると、いい加減な試験に見えて、その実、ＩＱをしっかりチェックしてたのかもね。

いざ入学してみたら、試験場で大喧嘩を繰り広げたあの相手もしっかり合格していたのには驚いたけどさ（笑）。


母親が家で個人向けのピアノ教室を開いていたから、息子の俺も、３歳から彼女にピアノを習ってたんだよ。

母親は芸大を出ているし、叶うことならピアニストになりたいという願望があったので、実現できなかった自らの夢を我が子に託したい。そんな勝手な考えから、無理矢理ピアノを教え始めたんだろうね。

もともと音感がよかったので、母親のところにレッスンに来るお弟子さんが弾くピアノは、全部耳で覚えちゃってた。実際の話、ソナチネぐらいまでは耳で覚えた方が楽なんだよ。だから幼い頃は、本当は譜面が読めないんだけど読めるふりをしてた（笑）。

ただ、最初っからクラシックはどうにもこうにも肌に合わなかった。子どもの頃から、朝起きるとNHKのラジオから決まってクラシックが流れていたんだけど、それを聴くだけで、何だか地味な気持ちになってしまう。クラシックというものに関して、嫌悪に近い感覚しか持てずにいた。

その一方、同じ頃には、隣の家の栗の木のてっぺんに登って、春日八郎の「お富さん」（作詞・山崎正／作曲・渡久地政信）をやたら正しい音程でものすごい大声で歌っていたらしい。〈粋な黒塀　見越しの松に〉とか言われても子どもには皆目意味がつかめなかったと思うんだけど、歌詞もフルコーラス完璧に頭に入ってたんだって。

母親は本当に恥ずかしい思いをしたと未だにこぼすけどさ。ということで、俺が初めて覚えた歌は「お富さん」だったんだ。

先生がんばってください 1957-63 小学校にて

2

慶應幼稚舎に入学してみたら、周りはほとんど代々幼稚舎っていう家の子ばっかりでさ。俺みたいな外様は3割ぐらいだった。まあ、学校側としても、多少は他の血を入れないとって意識があったんだろうね。

僕らの頃の幼稚舎は1学年3クラス。K組、E組、O組があって、合わせると「ケーイーオー」になるわけ。今はI組が加わって、ローマ字で「KEIO」と読ませてるらしい。

俺はO組だった。幼稚舎は、1年から6年まで一度もクラス替えがなく、担任の先生も原則として変わらないんだよ。

O組の担任に就いたのは、慶應大学卒業後、すぐに教員となったばかりの吉田利博先生。つまり僕らが最初の教え子になる。ちなみにこの先生、湘南高校時代は石原慎太郎と同級生だったんだよね。

先生は、『プライド教育 こんな子をあんな子にする』という著書を90年に光文社から出しているんだけど、そこには、「明夫君」という仮名で、僕がどれだけひどい児童だったかということが書いてある（笑）。

例えば、〈授業中の態度もよくありません。きちんと座って勉強するのが苦手で、チョコマカしていて、私によく叱られたりしていました〉。俺、たぶん多動症だったと思うんだよね。始業式の時なんか、父兄が講堂の後ろの方に座って前を見ていると、俺がどこにいてもすぐに分かったって言うのよ。何かひとりだけずっとフラフラしてたらしくて。

吉田先生は、1年生の1学期が終わった時、うちの母親に「僕は春夫君とやっていく自信がないんです……」と、泣きそうになりながら告白したんだって。大らかなスポーツマンでとてもいい先生だっただけに、申し訳ないことしちゃったなと思ってる。

幼稚舎での6年間は、ずっと楽しかったね。とにかく、一切勉強しなかったから。

学校では、まあ遊んでばかりいた。特に印象深いのが「チョス」という俺が考案したオリジナルの遊び。その名前は、当時人気があったラテンのグループ、トリオ・ロス・パンチョスから採っている。彼らのステージアクションとは何の関係もないんだけど、単に「パンチョス」って響きが面白くてさ。

まず、人体標本とか動物の剝製とか、ちょっと不気味なものが並ぶ標本室の暗がりから、変なポーズを取ってガニ股で「フガ、フガフガフガフガ」って言いながら現れる。それを見た方は「ギャーッ！」と叫んでみせるという他愛もない遊びなんだけど。最初は、カバに似た友達の真似をして「カバンチョス」、次はキリンの動きを模した「キリンチョス」、果ては、何だか分からないけど興奮しながら現れる「興奮チョス」にまで発展。

もう大人気で、みんな休み時間ごとにやるようになったから、最後には学級委員会で「チョス禁止」が発令された（笑）。

放課後も、学校に残って遊んでいた。とは言ってもたかだか30分ぐらい。最初は缶蹴りをよくやってたんだけど、途中で勝手に「俺だけは鬼にならなくていい」という独自のルールを作ったら、かえってつまらなくなっちゃってさ。そもそも、具体的に何かの遊びをしたいというよりは、「まっすぐ帰らなくちゃいけません」と言われたことに対する反抗の意味が強かったんだよね。

幼稚舎から明治通りを越えていくと崖になっていて、なかなか眺めがよかったのよ。そこに座って、こっそりお茶のコップに入れて残しておいた給食の沢庵をつまみながら、ちょっとした雑談に興じていたんだ。そこからは、地元の小学校に通う子どもたちが遊ぶ姿が見えるんだけど、彼らをからかってみたりしてさ。

グラウンドの向こうには森みたいなところがあって、そこもよく駆け回ってた。その森の奥の方に行くと、福沢諭吉が大昔に住んでいたという藁葺屋根の家があったよ。東京オリンピックの頃、そこに首都高が通ることになって撤去されちゃったんだけど。

幼稚舎のすぐ近くにあった都電の天現寺橋停留所には、３系統の路線が乗り入れていた。今、高層の大きな都営住宅が立っているところには、都電の操車場があったんだよ。

校門前の横断歩道では、騎馬警官が交通整理をしてたのを覚えてる。都内の小学校では、学習院初等科と慶應幼稚舎の前でだけやってたんじゃないかな。

幼稚舎には、さすがに金持ちの子どもが多かった。

いろんな友達の家に行ったことがあるけど、隣のクラスの許斐《このみ》君の家が一番派手で大きかったな。場所は赤坂だったと思う。彼のお父さんは、銀座の松坂屋の裏にあった「東京温泉」という巨大なヘルスセンターのオーナーだったんだ。戦中戦後を通じ、政財界の表裏に通じたフィクサー的な存在でもあったらしい。

ちなみに、ラッパーのＵＺＩも許斐家の生まれ。ＵＺＩも幼稚舎から慶應だってね。そういやＺｅｅｂｒａも幼稚舎出身だから、俺も含めて、結構ラッパーを輩出してる学校なんだよ(笑)。

竹中君の家もすごかった。名字から想像できるように、竹中工務店の社長宅ね。広尾の聖心女子大の裏にあったんだけど、1ブロックまるごとが一軒の敷地なんだよ。

森村君は、森村学園の創立者一族ね。自宅は麻布の方の鬱蒼とした森のなかにある洋館で、もう、『ロッキー・ホラー・ショー』の舞台みたいなところだった。

あと、銀座で「コックドール」というレストランと「月ヶ瀬」という和菓子屋さんを営んでいた伊藤君の家も大したものだった。場所は当時で言う霞町、今の西麻布辺り。この家で忘れられないのは、いわゆる女中部屋があるんだよ。そこに、ちゃんとメイドの制服着た女中さんが3人いましたよ。

クラスの半分ぐらいは別荘を持っていたし、マイカーも高級外車なのは当たり前で、場合によっては運転手付きだったりする。対するうちの愛車は中古のダットサン。

こういった超富裕層と交流する中で、俺は相対的に物を眺めるってことを学んだんだよね。学校に行ったら、「本当に俺は貧乏だなあ」と思うんだけど、家に帰ると、周囲からは「幼稚舎に通ってるお坊ちゃん」という視線で見られているわけ。だから、深刻なコンプレックスを抱くことはなかったね。

まあ、子どもふたりを東洋英和と慶應に通わせているわけだから、貧乏なはずがない。でも、やっぱり単なるサラリーマン家庭には負担が重かったと思うんだ。おそらく、両親ともに、双方の実家からそれなりに金銭的援助を受けていたんじゃないかとにらんでる。

幼稚舎は、世間の抱いているイメージに反して、校風が質素なんだ。先生の教え方も上手だったし、父兄同士も仲がよかったし、学級数が少ないということもあって、アットホームないい雰囲気の学校だったと思ってる。

ちょうどこの頃、うちの父親はTBSラジオでプロデューサーを務めていた。浪曲に造詣が深かったから、「浪曲天狗道場」という素人のど自慢の番組を自ら企画してスタートさせた。それが大ヒットしたんだよ。57年からは、すべての民放のラジオ番組における聴取率首位を6年連続で獲得したらしい。ちなみに、57年の年間聴取率ランキングを見ると、ベストテンのうちの5つを浪曲番組が占めているから、浪花節が一世を風靡した時代だったんだよね。審査員として出演していた浪曲師の相模太郎さんと父親は付き合いが深く、よく相模さんのルノーを借りて乗り回してたっけ。

父親の価値観から、俺は大きな影響を与えられたと思っている。とにかく、他人と自分を比べない人だったんだよ。実際、他の家のお父さんとは全然違って、会社通うのにカバンを持っていかなかったり、昼過ぎに出かけて夕方には帰って来たりしてたし。

服装にしても、ネクタイじゃなく、蝶ネクタイかアスコットタイを締めてた。アイビーに転向して規模を拡大する以前のVANは、東京じゃ数寄屋橋阪急に一軒だけ店を出してたんだけど、そこで洋服をよく買ってたね。

オリジナリティが何より大切だということをずーっと言っていてさ。他人の作ったものを真似するんじゃなく、「ないもの」を作るのが一番楽しいんだと教えてくれた。

だから、ライフスタイルも洋風だった。日本製のダサい模倣品ではなく、アメリカ製品が好きだったんだよね。化粧品に関しても、ラジオ東京があった有楽町の「アメリカンファーマシー」で買っていた。アフターシェーブローションは、メンネンというメーカーの「スキンブレイサー」を愛用してたね。

家では、当時の冬の定番だったこたつを持たず、石炭ストーブを導入していた。満洲での生活で覚えたのかもしれない。ビールってさ、今でこそ一年を通じて売られてるけど、昔は夏しか店頭に並ばない季節商品だったんだよ。そんな時代に、父親は石炭ストーブの輻射熱で部屋を暖めながら、半袖を着てビールを飲んでたのよ。ビールはケースごと酒屋に注文してた。父親の持論は、「こたつは背中が寒いから暖房として意味がない」。親戚の家なんかに行ってこたつに入ったりすると、確かにその通りだと実感するんだ。

会社では浪曲の番組を作っていたけれど、父親が家で浪曲のレコードに耳を傾けたり、自分で一節うなったりしたのを見聞きしたことは一度もないんだ。実生活において和風の趣味は皆無だったから、仕事は仕事として割り切っていたのかも。

休日には、しばしば父親とふたりでドライブに出かけた。というのも、母親は車に酔いやすい人だったから。

目的地は、日本橋や銀座のデパート、それから、相模湖や秋川渓谷といった郊外。横浜中華街にもよく足を運んで食事をしたな。満洲帰りだけあって、中華料理にはかなり詳しかったよ。ちなみに、子どもの頃食べたもので一番美味しかったのは、霞町にあったドイツ料理店「ラインラント」のハンバーグステーキ。あの味は、未だに時々思い出すよ。

父親は、先見の明があった人だと思う。今思えば、いろいろと予言みたいなことを話してて、しかもそれがみんな当たってるんだよ。

例えば、いくつの時だったかの誕生日に「これからは絶対サッカーが流行るから」と言ってサッカーボールをプレゼントしてくれたし、後輪駆動の自動車がほとんどだった時代に「これからは前輪駆動が主流になる」と断言していた。

芸能についても、「絶対に関西の芸人に日本の笑いは乗っ取られる」「沖縄の人間は本土の人間とは音楽的才能のレベルが違うから、沖縄出身者が天下を取る」と言っていた。

そんな風に先を読む能力は、自分の中にも遺伝的に備わっている気がする。

両親ともに、自由放任主義で本当にのびのびと育ててくれたし、一切締め付けることなく、基本的には褒め続けてくれた。だからやっぱり、「猿もおだてりゃ木に登る」ってことわざと同じで、そりゃあ調子には乗りやすくなるよね（笑）。

小4にして、俺は早くも叔父さんになるんだよ。姉貴に子どもが生まれたわけ。

父方の祖父母のところで育てられていた10歳上の姉貴は、小学校から高校まで東洋英和女学院に通っていたんだけど、大学はどうしても共学に行きたいということで、勉強の末、ストレートで立教に受かったのよ。

でも、その1年後ぐらいに、スキー部の先輩のことを好きになって、せっかく入った大学を中退してさっさと結婚しちゃった。

そして、娘が生まれたんだ。俺、まだ子どもだったから、姪っ子に「叔父さん」って呼ばれるのが嫌でさ、「お兄ちゃん」って呼ばせてたもん。未だに「お兄ちゃん」と言われてますよ。

姉貴の旦那さんは、大学を卒業してから日本IBMに長らく勤めた後、カシオにヘッドハンティングされたのかな。コンピューターの営業をずっとやってた。

もう80歳手前だけど、姉貴は元気だよ。何年か前までは、水泳のインストラクターやってたから。腰が痛いとは言ってたけど、プールに入りすぎたんじゃないかな。

5年生の時、無熱肺炎という病気にかかって、1、2カ月学校を休んで自宅で療養してたことがある。熱も出ないし痛くも苦しくもないんだけど、感染させちゃうとまずいから学校には通えないというありがたい病気でさ。その間は、ずーっと家でラジオを聴いて過ごしてたね。

幼稚舎では、5年生になるとクラブ活動が始まるのよ。慶應っていうのはラグビーが盛んだから、俺もカッコいいなあと思って最初はラグビー部に入ったんだけど、すぐに無熱肺炎で休むことになっちゃった。

それが治って学校に戻ったはいいものの、病み上がりなんで体力的についていけない。しょうがないから器楽合奏部に転部したんだよね。

すっぽかしちゃおぜ

1957-63 音楽との出会い　3

小学校に入っても、相変わらずピアノは続けていた。あの時代は、幼稚舎と言えど、ピアノを習っている子どもはクラスにせいぜい2、3人しかいなかった。それも女の子ばかりで、男子となると学年全体を見渡しても俺しかいなかったんじゃないかな。

しかし、もともとクラシックは毛嫌いしてたし、小学生にもなると、自分の母親の言うことなんて全然聞かなくなってくるわけ。

ということで、3年生の頃からは、松原緑さんというピアニストの先生からレッスンを受けることになった。母親が芸大を出てしばらく教員をやっていた戦時中、諏訪の学校に疎開してきた松原先生を生徒として受け持っていたという縁があったんだ。

松原先生は、後にソニーの社長・会長を歴任する大賀《おおが》典雄さんの奥様。大賀さん自身、当時は声楽家とソニー幹部という二足の草鞋を履いていた。だから、大賀さんのことも俺は大賀先生と呼んでいた。巣鴨にあった自宅に行くと、カーマニアだった大賀先生の愛車が見られるのも楽しみだったね。あの頃はBMWに乗ってたっけ。車に詳しい大人ってカッコいいなと思ったもんだよ。

松原先生は、とても優しい方だった。ただ、俺はレッスンに入りたくないものだから、その前の雑談をできるだけ引き延ばす。すると、業を煮やした先生から、「もういいからやりなさい」と諌められてようやくレッスンが始まる。その繰り返しだったね（笑）。

その後、高校に上がるまでピアノを続けたんだけど、発表会みたいなものには一度も出たことがない。そもそも、今のヤマハやカワイのような音楽教室のシステムとは違って、松原先生のところには発表会自体がなかったんじゃないかな。

一度、幼稚舎の学芸会でピアノを弾けと言われて、それなりに一生懸命練習もしたんだけど、迎えた当日、どうしてもやる気がしなくて出演をキャンセルしたことがある。「本日、近田春夫君は都合により演奏しません」というアナウンスがあってさ。客席に座っていた母親がちっちゃくなってたよ。

なぜピアノを続けることができたかというと、家で10分練習するごとに母親が10円のお小遣いをくれたのよ。当時の10円って結構大きいじゃん。それにつられてずっとやってただけ。でも、こらえ性がないから、お稽古は一日10分が限度だったね（笑）。本当はすっぽかしたかった。

毎週木曜、巣鴨まで通ったもんだよ。でも、幼稚舎のあの制服が恥ずかしくって、必ず、いったん家に帰って私服に着替えてからレッスンに向かってたんだ。学校から直行するのに比べて1時間以上余計にかかるんだけど、とにかく制服が嫌いでさ。あの制帽も、何だか馬鹿みたいじゃない。

幼稚舎ってさ、なぜか遠足にもあの格好で参加しなきゃならないんだよ。しかも、お弁当やおやつもリュックじゃなくてランドセルに詰める。それには納得いかなかったね。

巣鴨からの帰りは遅くなるから、小学生の身空で、池袋西武の食堂街とか渋谷の東急文化会館にあった「ジャーマンベーカリー」とかに入って、当たり前のような顔してひとりで夕飯を食べてたよ。

池袋の西武デパートでは、お稽古で貯めたお小遣いでミニカーを買うのも楽しみだったな。イギリスの「コーギー」っていうブランドのミニカーが好きでさ。

自動車に対する興味も、小学生の時に芽生えた。雑誌はほとんど立ち読みで済ませていたんだけど、唯一買って読んでいたのが「モーターマガジン」。小学6年生の時、大人になったらなりたい職業として、車のデザイナーかレーサーと答えたのを覚えてる。

洋楽の魅力に開眼したのは、小3ぐらいだったかな。コニー・フランシスとか、今で言うところのオールディーズがいっぱいラジオでかかるようになって、そういう音楽の華やかさや明るさにたちまちハマっていった。

やっぱり、歌謡曲って貧乏臭くて暗いのよ。で、クラシックはシリアスだし。それに対して、アメリカのポップスの弾けた感じ、あれがたまんなくて。あそこから、自分の音楽的な好奇心がスタートしたんだと思う。

とにかく、ラジオで聴いた曲を片っ端からコピーしていった。いろんな楽器の音が混じっている中から、ピアノの音だけを抽出してさ。どういうコードなのか、どういう弾き方なのかを、自分なりに研究してたんだ。

『世界残酷物語』っていうイタリア映画があるじゃん。そのテーマ曲「Ｍｏｒｅ」には、オーギュメントやディミニッシュが使われてるんだよ。聴いただけではどんな風に弾いてるのかどうしても分からなかったのが、実際に鍵盤に触れながら試行錯誤していたら、正解を発見した。あれはうれしかったね。

それから、『アラモ』の主題歌「The Green Leaves of Summer」。ブラザーズ・フォアもカバーしたフォークっぽい曲だね。『アラモ』は、シネマスコープの大画面の迫力にも圧倒された。この辺りから、和声とリズムとメロディーの関係の面白さにだんだん目覚め出した。そういう面白さっていうのは、クラシックにはあんまり存在しないものなんだよ。

初めて買ったレコードは、坂本九の「上を向いて歩こう」か、ハナ肇とクレージーキャッツの「スーダラ節」かのどちらかだったと思う。２枚とも61年、つまり俺が10歳の時にリリースされたシングルだね。

洋楽では、62年に日本公開されたアメリカ映画『罠にかかったパパとママ』の主題歌「Let's Get Together」。主演として一人二役で双子の女の子に扮した子役、ヘイリー・ミルズが歌っている。♪キャンキャンキャンキャンキャンキャンキャンキャンキャン！っていうロックンロールのピアノのイントロがカッコよくってさ。映画自体も面白かったし、研究のために買ったんだ。でも、ほとんどレコードは買わなかったな。たいがいの曲はラジオで聴けば覚えちゃうし、そもそも俺、昔から物に対する執着がないのよ。自分が作ったレコードだって、手元に一枚も残してないぐらいだし。

最初に買ったアルバムというと、『Blue Hawaii』。エルヴィス・プレスリーが主演し、62年に日本公開された同名映画のサウンドトラックだね。

こうやって振り返ってみると、映画音楽が多いな。家には、父親がラジオ局のレコード室から持ち帰った映画音楽のレコードが、何枚かあったんだよ。

人生で最初に観た映画が何だったかは記憶にない。だけど、幼稚園に入る少し前ぐらいに『空飛ぶゾウ ダンボ』を観て、汽車が嵐に遭う場面で俺がギャンギャン泣いちゃって、しょうがなく母親が外に連れて行ったという話はよく聞かされたね。

小3の頃に観たチャップリンの『独裁者』はかなり印象に残ってる。反権力的な姿勢は、人生哲学に大きな影響を与えたと思う。

父親の職業柄もあって、テレビは普通の家庭より早く、小学校に上がった頃に入手したんだ。ひょっとすると、会社が多少お金を融通してくれたのかも。庭に面した廊下に置いてあったんで、近所の人たちが野球中継なんかを観に来てたよ。

一番好きだった番組は「ヘッケルとジャッケル」。アメリカで作られたアニメーション、当時の言葉で言えばテレビ漫画だね。ヘッケルとジャッケルという2羽のカササギが、高圧的なブルドッグのお巡りさんなんかに対し、ダイナマイトを仕掛けて吹き飛ばしたりとか、いろんないたずらを繰り広げる。偉そうな人とか強そうな人をおちょくりたい、からかいたいという精神は、この作品から植え付けられた気がするね。

当時は、アメリカの国策として、米国産のテレビ漫画やテレビ映画が大量に日本に供給されていたと思うんだ。アメリカがいかに素晴らしい国かということを子どもたちの頭に刷り込むためにね。

テレビ映画に関して言うと、「名犬ラッシー」「パパ大好き」「逃亡者」……。たくさんの作品を観たけど、まあ、純粋に娯楽として楽しんだだけで、「ヘッケルとジャッケル」ほど大きな影響を受けた番組は他にない。

そうこうするうちに純国産の子ども向けテレビ映画も充実してくる。夢中になったのは、「少年ジェット」「まぼろし探偵」「七色仮面」「怪獣マリンコング」「アラーの使者」「ナショナルキッド」といった辺り。4年生ぐらいになると、俺もさすがに物心ついてきて、この手の番組は次第に観なくなっちゃった。

印象深いのは、金曜夜の「三菱ダイヤモンド・アワー」という枠でプロレス中継と週替わりで放送されていた「ディズニーランド」。

ロックンロールやブギウギのピアノって、右手の奏でる音ははっきり聴こえるのよ。♪キャンキャンキャンキャンキャン！　っていう派手なやつだから。でも、左手の方はあまりよく聴き取れないじゃない？　左手はどう弾いているのか、ずっと気になっていた。

そんな時、「ディズニーランド」を観ていたら、真っ暗闇の中に誰かの両手と鍵盤だけが浮かび上がって、ブギウギピアノを弾くシーンがあった。当時は録画なんかできないから、その回が放送されるたびテレビにかじりついて、弾き方を目に焼き付けたよ。

そうそう、あの頃はラジオドラマも盛り上がっていたんだよ。ラジオ東京で毎朝放送していた「パパ行ってらっしゃい」は面白かったな。小沢昭一がお父さん役で、中村メイコがお母さん役のみならずその子どもたちを含めて4役ぐらいを演じるんだ。

もちろん、音楽番組もよく観てた。フジテレビが渡辺プロダクションと共同制作した「ザ・ヒットパレード」では、ザ・ピーナッツをはじめとする人気歌手たちが、アメリカンポップスを歌っていた。といっても、歌詞は日本語。当時は、漣《さざなみ》健児さんがコニー・フランシスのヒット曲を「可愛いベイビー」と邦訳して中尾ミエにカバーさせたりする試みが一大ブームを迎えていたから。やっぱり、アメリカンポップスが好きだったんだよね。

……とか言いながら、遠足のバスの中では、わざわざ歌謡曲を歌って先生に怒られたりしてたな（笑）。水原弘の「恋のカクテル」とか、小学生が歌うにはふさわしくない、何かいやらしい感じの歌詞の曲ばかりわざわざ選んでさ。周りのみんなは、普通に小学生らしく童謡とか歌ってるってのに。

小さい頃から、人を笑わすのが好きだったんだよね。クラスのお楽しみ会みたいな催しでも、くだらないネタの漫談やって見せたり。口が達者でおしゃべりだったから、そういうことが苦手ではなかったんだ。

人にあだ名を付けるのもすごく得意だったな。そういう場合、ある種の悪意は必要なんだけど、そんなにトゲのあるあだ名は付けなかったつもり。それから、相手のキャラクター的な特徴を摑んで物真似したりするのも、割と上手だった。

まあ、そんなことばっかりやってる小学生でしたよ。

ハイソサエティ 4

1963-70 中学／高校にて

幼稚舎を卒業した後、中学校は慶應義塾普通部に入った。

当時、幼稚舎からの内部進学先は、日吉にある男子校の普通部か、三田にある共学の中等部のどちらかだった。自宅が中等部にすごく近いとかいった特別な理由がない限り、男子のほとんどは普通部を選んでたね。

普通部に入ってくるのは幼稚舎出身者ばかりではない。むしろ試験をくぐり抜けてやってきた外部からの入学生の方が多いんだけど、彼らは勉強ができるわけ。だから、あらかじめ幼稚舎の頃から、「中学校に上がったら大変になるよ」と言われていた。

幼稚舎には英語の授業があったから、中1の前半ぐらいまでは、受験組に比べて少しアドバンテージがある。ただ、その効力もしばらくすると薄れてくる。何しろ小学校の6年間、一切自分では勉強してこなかったわけだから。そして、案の定どんどん授業についていけなくなった。

中学での部活は、海洋班に入った。ヨットと水上スキーとモーターボートに乗るという、いかにも慶應って感じのところなんだけどさ（笑）。

本当に不人気で、相撲部と同じぐらい入部希望者が少なかったんだよ。一番人気は、もう圧倒的にテニスなのよ。皇太子夫妻を結びつけたスポーツだったからね。それに比べ、海洋班って、名前の段階でダサいじゃん。

海洋班は、ヨット部やボート部みたいに競技に打ち込むわけじゃない。「慶應クルージングクラブ」という大学の同好会の付属組織だから、基本的に遊び。全然厳しくない。

クルーザーは、学校のOBが持っているものを貸してもらっていた。シーズン中はOB本人が使うけど、それ以外の時期はメンテナンスさえしてくれれば後輩が自由に使っていいというシステムだったんだ。

夏の合宿は、逗子の小坪で1週間ヨットに乗って、次の1週間は中禅寺湖でモーターボートと水上スキーっていうスケジュールだったな。

64年の秋に東京オリンピックが開催された時、自分は中学2年生だった。

東京五輪って、あくまでも東京都が開催するもんじゃん。慶應普通部は神奈川県にあるから、東京とは違って学校が休みになることもなかったし、妙に意地張ってるのか、授業の一環としてテレビ中継を観せるということもしなかった。

まあ俺、そもそもスポーツ観戦って全然趣味じゃないから、別によかったんだけどさ。こらえ性がなくて、すぐ飽きちゃうのよ。相撲ぐらいの長さが限界だね。相撲って、一試合がじゃんけんぐらいじゃん。あれ以上は無理無理（笑）。

というわけで、どの種目もきちんと観た記憶はない。ただ、開会式の日は確か目白にあった友達の家にいたんだよ。その窓から、航空自衛隊のアクロバット飛行隊が空中に五輪を描いたのを見たことは覚えてる。

オリンピックに向け、東京の街の風景はコマ落としのように姿を変えていった。特に、自宅のあった等々力はオリンピックでいくつかの競技の会場になる駒沢公園に近かったから、その変貌ぶりは桁違いだったね。

幼稚舎に通っていた頃、目黒通りは、まだ環八の手前にある産業能率大学の辺りまでしか開通していなかった。そこから西の造成中の道路では、よく野球をして遊んだよ。

等々力から幼稚舎に向かう時は、大井町線の自由が丘駅で東横線に乗り換えて渋谷まで行ってたんだけど、学芸大学駅の手前は何にもなかった。車窓の外に目をやると、空襲で一方の壁だけが焼け残った土蔵や、土台だけが焼け残った家が見えたりしたね。……こうして振り返ると、ものすごい大昔だな（笑）。

まだ戦争の記憶も生々しい中、家の近くには驚くほど道幅の広い第三京浜が開通するわ、中学校の真横を新幹線が通るわ、高度成長の真っただ中に放り込まれた気がしたよ。

まさに『ALWAYS 三丁目の夕日』の世界。あの映画を手がけた阿部秀司というプロデューサーは、幼稚舎から慶應で、俺の1級上だったんだ。東京タワーは、まさにあの映画みたいにあれよあれよという間に出来上がっていったんだよ。同じ風景を見ながら育ったんだなという共感を覚えるね。

エスカレーター式に進学した慶應義塾高校は、引き続き男子校。普通部と同じ日吉でも、駅を挟んだ東側にある。ここで、いきなりアルファベット順にA組からS組までを擁するマンモス校に変貌するんだよ。

普通部に上がった時以上に、自分の好きだった慶應らしさが失われたことを感じたね。高校から入ってくる生徒は、地方の中学校でギンギンに勉強して学年トップだったようなタイプだから、自信満々なわけ。それに対し、俺みたいに幼稚舎から上がってきた生徒はといえば、東京の真ん中でのほほんと育ってきただけだから、根本的に哲学が違う。

先生もさ、高校になるともう進学校の教師みたいになってくるんだよ。普通部もそれなりに成績には厳しかったけど、基本の校風は「よく遊び、よく遊べ」だから。内部進学組は、この段階で学校に馴染めなくなる。

普通部と高校の制服は黒い詰襟だった。そんな中、中学から高校にかけて、いわゆるお洒落に目覚めたんだ。

一級上に前田一ってやつがいて、すごくお洒落だったの。ちなみに、前田の実家は東京タワーを経営する一族で、前田自身はついこないだまでＦＭ大阪の社長を務めてたよ。ちょっとした不良みたいな前田一派の格好を真似したいと思ったのが、ファッションに興味を持ったきっかけだった。

60年代半ばは、ちょうどＶＡＮを始めとする日本のメンズブランドが台頭し、人気を博し始めた頃。

だけど、周りと一緒なのはちょっと嫌だっていう気持ちがあって、俺は、ＶＡＮじゃないところでも洋服を買ってたんだよ。新宿の伊勢丹や日本橋の白木屋にあった生意気な男の子向けの洋服のコーナーとか、ＪＵＮの自由が丘店とかにはよく行ったね。

なかでも、一番よく着てたのは、EDWARD'S。エズという略称でも呼ばれたブランドだね。というのも、EDWARD'Sには小さいサイズがあって、最も細いパンツはウエストが64センチだったのよ。それがうれしくってさ。俺、すごく痩せててチビだったから、ＶＡＮなんかだとダブダブになっちゃうのよ。エズは、伊坂芳《いさかよし》太良《たろう》の描く宣伝ビジュアルもカッコよかった。

同じくサイズの問題を解消するために、女性物もよく着てた。ＪＵＮの妹ブランド、ＲＯＰÉの洋服を買いに、銀座にあったＪ＆Ｒっていうビルにはよく通ったな。

当時、同年代のほとんどの男子がファッションの参考にした雑誌は、「平凡パンチ」。なかでも、イラストレーターの小林泰彦さんが連載していた「イラスト・ルポ」は、いろんなお洒落な人のことを取り上げていたから、毎回興味津々で読みふけった。

マドラスチェックのプルオーバーシャツに生成りのコットンパンツ、その上にVANのステンカラーコートの襟を立てて着る、というのが当時の「平凡パンチ」読者の典型的な着こなしだったね。でも、それが一張羅みたいなもんでさ。今の若者に比べたら、昔は慶應の高校生だってごくごく質素だったよ。

そういや、「ディスコティック」という言葉を初めて目にしたのも「平凡パンチ」。60年代の雑誌では、「平凡パンチ」と「話の特集」の影響力が大きかった。自分のことをとんがっているると意識している人間たちは、みんなこの2誌を読んでいたね。

文化人的なヒーローは、「話の特集」に出ていたというイメージがある。まず誰よりも横尾忠則、そして、宇野亞喜良、黒田征太郎……。あの頃は、イラストレーターにカリスマ性があったんだ。それから、ファッションデザイナーね。

それに比べ、例えば三島由紀夫に代表されるような文学者というのは、何と言うか、ロックじゃなかった気がする。やっぱりロックとつながっているものが、当時は一番先端的なイメージを持っていたからね。作家なら、「話の特集」にしばしば登場していた深沢七郎には、変な魅力を感じたけどね。

高校に入ると、夜遊びに手を染めるようになった。ディスコにも出入りするわけだけど、朝までいるわけじゃない。終電前には帰るんだから、かわいいもんだよ。

渋谷の東口に、ボウリング場の入ったビルがあるけれど、あの最上階に、当時は「ヴァン」っていうディスコがあったの。あそこではグループサウンズのバンドが生演奏してたから、よく観に行ったね。

あと、戦前の日本にタップダンスを持ち込んだ中川三郎という人が、ディスコを何カ所か経営してたんだよ。そのうち、有楽町の日劇の上にあった「ステップ・ヘブン」と恵比寿の西口にあった「ゆき・ア・ゴーゴー」には何回か行ったことがある。

六本木の「ゴトウ花店」の上には「マンダリン」があった。昔は、ディスコのことをサパークラブと呼ぶことがあったけど、そのひとつだね。真っ暗な中、テーブルにろうそくが立ってて、そこで食事をしながらバンドのショーを観るみたいな場所だった。結構高かったんじゃないかな。それこそ慶應のお金持ちのお坊ちゃんたちに連れて行ってもらってたから、俺は一銭も払っておらず、いくらだったかは分からない。


この辺りで、急に美術に目覚めるんだよ。生来のクラシック嫌いもあって、音楽教育というものが嫌いで嫌いでしょうがなかった俺は、高1の選択科目で美術を選んだ。

その授業を担当した毛利武彦先生が、なぜか分からないけど、俺のことをやたらと褒めてくれるの。「近田君、君、天才だね」とかずっと言ってくれて、それで気をよくしちゃってさ。「よし、画家になろう」と思った俺は、目白にある「すいどーばた美術学院」に通うことになったんだよ。

まあ、学校の後にそういうところに通えば、帰りに夜遊びができるなという下心もあったはあったんだけど。

俺は、絵というものは自分の内側から出てくる自由な表現であるととらえていた。だけど、あの学校は、あくまでも美大入試のための予備校なのよ。そうすると、石膏デッサンとか、こういう風に描くと誰それ先生に気に入られるとか、小手先のテクニックばかり教えられるわけ。だから、だんだんつまんなくなって、絵に対する情熱も冷めてきちゃった。それでも、2年ぐらいは通ったかな。

というのも、内心、自分の成績じゃ慶應の大学に内部進学するのはたぶん無理だろうなと思ってたんだ。

実際、高校2年から3年に上がるはずの段階で、俺は落第してるのよ。慶應の付属校では、留年は珍しいことじゃない。中学校ですら、平気で同じ学年をやり直させるから。特に、あんまり勉強してない幼稚舎上がりはよく落っこちてくるんだよ。

俺の落第に関しては、素行不良めいた理由は皆無。割と早起きだから遅刻もしなかったし、出席日数も足りていた。ただ単に、学業不振が原因。特に数学とか物理とか、理系の成績が悪かった。一生懸命勉強してもまったく分からず、0点とか取ってたから。知能指数なんて何の役にも立たないなと思ったよ。

とにかく多動症だからさ、集中して勉強することができなかった。元素記号とか歴史の年号とか、暗記するという行為に対する反発もあったね。資料見たら分かることをわざわざ覚える必要あるのかなと、ずーっと思ってたんだよ。インターネットの登場で、俺の主張が正しいことは証明されたと思う。もはや、九九だって覚えなくっていいぐらいじゃん。

それなりに挫折感は味わったんだけど、人間って勝手なもんでさ、自己正当化するわけ。そのひとつの根拠が、早生まれってこと。「1年ダブっても、まあ本当はこの学年に入ったはずなんだよな」って思い込むのよ。さらに、「この学年だと一番年上だから威張れるじゃん」みたいに、いいように解釈する（笑）。

ちなみに、俺が落第したことによって奇しくも同学年になったのが、今、自民党の参議院議員をやってる武見敬三と、ユーミンの旦那の松任谷正隆だね。

そんな体たらくだったから、本当なら俺は大学への推薦は到底受けられないはずだった。ところが、ここで奇跡が起こる。

慶應高校の数学の先生が、アルバイトで家庭教師をやってたんだけど、その教え子に、俺と同学年のやつがいた。そいつに、近く行われる高校最後の期末テストの設問と正答を漏らしちゃったの。教えてもらった方も黙ってりゃよかったのに、そいつは人間的にいいやつだったようで、クラス全員に答えを教えちゃったんだ。

結果、その組だけがやたらと数学の成績がよくなっちゃった。これはおかしいと学校側が調べてみたら事の真相が分かったんだけど、不公平を避けるため、この回の数学の試験は学年全員に満点を与えることになった。

それでギリギリの点数に達して、俺は大学に進むことができたんだ。

だけど、自分は何か仕事をしていくのは無理じゃないかと漠然と思っていた。サラリーマンや公務員みたいに机の前にずっと座ってるのは退屈で耐えられないだろうし、かと言って、芸能人みたいな人気商売は、いいときゃいいけど落ちぶれたりするとつらいんだろうなとかさ……。

その一方で、未来に対する楽観的な気持ちもあった。

自分が育った10代は高度成長期だったから、植木等が歌った「だまって俺について来い」の歌詞みたいに、そのうち何とかなるだろうという価値観がインプットされていた。

少年誌の新年特大号を開けば、エアカーが空中を飛び、地球と月の間をロケットの定期便が行き来するような、小松崎茂の描く未来予想図が載っていたしね。ほどなく人間が働かなくていい社会が実現するんじゃないかと思っててさ。根拠はないんだけど。国全体に、そういう呑気さがあふれてたんだよな。

エレクトリック・ラブ・ストーリー

1963-70 はじめてのバンド 5

中学生になってから本格的に夢中になった音楽といえば、ベンチャーズ。当時はとにかく、みんなベンチャーズのあのエレキギターに衝撃を受けたわけよ。

その流れで、日本を代表するエレキバンド、寺内タケシとブルージーンズもお気に入りになる。やっぱり、彼らはカッコよかったから。俺が内田裕也さんを最初に目撃したのも、ブルージーンズの専属歌手としてテレビに出演した時だったはず。

ちなみに、初めてライブを観た外国のアーティストは、エレキバンドとしてベンチャーズと並ぶ人気を誇ったアストロノウツだった。あれは中3の冬、会場は渋谷公会堂。ちょうど加山雄三主演の映画『エレキの若大将』が公開されてたタイミングだったと思う。

ビートルズの国内盤のリリースが始まったのは、中2の終わりぐらいからだった。でも、自分にとっては、ビートルズよりベンチャーズの方が存在として大きかったね。

それまで聴いてきたアメリカンポップスと比べると、イギリスの音って湿ってるんだよ。実際問題、イギリスの録音はショボかったし。アメリカの音の方が、全然キラキラしてて力強くてさ。

あとは、ベンチャーズの使っていたエレキギターそのものが、フェティッシュな魅力を持っていた。音色にも、そしてデザインにも、すごい官能性を感じたんだ。

だけど、エレキギターが欲しいとは思わなかったんだよね。すでにギターを持っている友達が多かったから、例えばバンドに入ろうとしてもパートがダブっちゃうし、キーボードとは違って、ゼロから学ばなきゃならないじゃん。そこが面倒くさくってさ。

渋谷の東急名画座でだったかな、『ビートルズがやって来るヤァ！ヤァ！ヤァ！』を観てからは、びっくりしてビートルズにハマったんだけど。それでも、イギリスのバンドではローリング・ストーンズの方が好きだったな。不良っぽいところがいいじゃん。


日本におけるエレキブームって、一番の核となる期間は64年からのせいぜい3年間ぐらいだったと思うんだよ。そして、その最後の部分が、グループサウンズの黎明期と重なっている。その時点ではまだ、グループサウンズという呼び名はなかったんだけど。

エレキバンドの時代は、インストゥルメンタルを演奏するグループがあって、そこに専属歌手をフィーチャーするという形が一般的だった。例えば、寺内タケシとブルージーンズのステージで、裕也さんだったり、ほりまさゆきさんだったり、尾藤イサオさんだったりが共演してるというスタイルだね。それとGSとは、考え方が根本的に違う。

GSが猛威を振るった全盛期も、今から考えれば短くて、66年から69年まで。エレキブームとGS、ふたつの時代をつなぐ役割を果たしたのが、65年6月から1年ちょっとの間、フジテレビが放送したオーディション番組「勝ち抜きエレキ合戦」。

ここで初代チャンピオンに輝いたのが、寺尾聰さんがいたサベージ。もともと彼らはシャドウズなんかの曲を演奏するインストゥルメンタルのグループだったから、その手のナンバーでデビューするんだろうなと期待していたら、リリースされたのは「いつまでもいつまでも」というカレッジフォークみたいなヴォーカル入りの楽曲だった。

「勝ち抜きエレキ合戦」の好調ぶりを知った日本テレビは、同じ年の10月から「世界へとび出せ ニューエレキサウンド」という似たような番組をオンエアする。ここにレギュラー出演していたのが、デビュー間もないスパイダース。

この番組では、「フリフリ」「ノー・ノー・ボーイ」といったメンバー自身が作った曲をよく演奏してたんだけど、いかんせんこれらのシングルはあんまり売れなかった。しばらくして、浜口庫之助さんに「夕陽が泣いている」を書いてもらったら売れちゃって。これがまた、全然ロックでも何でもない曲でさ。

同じような例をもうひとつ。俺が昔から観ていたフジテレビの「ザ・ヒットパレード」には新人紹介のコーナーがあって、そこにデビュー前のタイガースが登場したんだよ。

その時彼らが演奏した曲は、ポール・リヴィア&ザ・レイダースの「Ｋｉｃｋｓ」。なかなか渋い選曲をするバンドだなと感心したね。ところが、デビュー曲は「僕のマリー」。「Ｋｉｃｋｓ」みたいな曲とは似ても似つかぬ大甘な歌謡曲でさ、その辺りからどんどんがっかりすることばかりになっていったのよ。

だいたい、何が嫌だったかと言って、グループサウンズってコンボ編成じゃん。なのに、レコードとなるとストリングスが入ったりするわけ。全然バンドの音じゃなくなっちゃう。ただ、テレビで演る時は弦抜きだから、それはそれで粗削りで面白かったんだけどさ。

そんな中、これはちょっと違うなと思ったのが、67年秋にデビューしたテンプターズとモップス。

何かの番組で、堺正章さんがスパイダースの弟バンドとして紹介したのがテンプターズ。彼らがその時演奏したのが、デビュー曲の「忘れ得ぬ君」だった。不思議なことに、ショーケンじゃなく、リードギターの松崎由治《よしはる》さんがヴォーカルを取るんだよ。ショーケンは横でブルースハープを吹くだけ。松崎さん自身が作詞作曲を手がけたこの曲の構造が、本当にそれまでの歌謡曲とまったく違う。恐らく、ローリング・ストーンズの「Paint It, Black」を下敷きにしてるんだと思うけど、ずっとワンシークエンスでやってて、コードが変わらないのよ。

このシングル、B面の「今日を生きよう」もいい。イギリスのリビング・デイライツというバンドがヒットさせた楽曲の日本語カバーでさ。このカップリングは渋いなと思ったんだ。

モップスのデビュー曲「朝まで待てない」も秀逸だった。阿久悠さんが本格的な作詞家デビユーを飾ることとなったこの曲は、後にハルヲフォンもカバーすることになる。村井邦彦さんの作編曲は、ジェファーソン・エアプレインみたいな同時代のサイケデリックサウンドを換骨奪胎して、無理なく日本語が乗る楽曲に仕上げている。そこに、歌謡曲でもロックでもない新しさを感じたね。

他にカッコよかった曲といえば、自分の好みでは、ジャガーズの全曲、それからこれはカバーだけど、カーナビーツの「好きさ好きさ好きさ」なんかが挙げられるね。

そして、同じGSでも別の文脈からやってきたバンドとして、ジャッキー吉川とブルー・コメッツがいる。

彼らは、さっきも話に出た「ザ・ヒットパレード」でハウスバンドを務めてたんだよ。ザ・ピーナッツを始め、いろんな歌手の伴奏を行っていた。つまり、その名前も含め、あり方としては前世代のグループだよね。他のGSに比べてちょっと年上だったし、いわゆるロックについてもそんなに明るくなかったと思う。

だけど、リバプールサウンドが流行ってきたから、その波に乗ろうと「青い瞳」というアニマルズっぽい曲を作り、自分たちがヴォーカルを務めることにした。これ、英語詞だったのよ。後年、アメリカで「エド・サリヴァン・ショー」に出演したことから見ても、海外進出を狙っていたのかもしれない。

しかし、「ブルー・シャトウ」がすべてを変えた。あの曲が大ヒットを記録し、さらには67

年のレコード大賞まで獲っちゃったおかげで、ＧＳは軒並み歌謡曲っぽい作風へと傾斜していったんだよ。

ゴールデン・カップスだって、横浜からやってきた本物のＲ＆Ｂバンドだって触れ込みだったんだけど、「いとしのジザベル」に始まり「銀色のグラス」「長い髪の少女」って、みんな普通の歌謡曲じゃん。これのどこがＲ＆Ｂなの？　って拍子抜けしたよ。

昔は今と違って、レコード会社がすべての主導権を握っていたから、「本当はこんな曲やりたくないだろうけど、デビューさせてあげるからそこは我慢してね」っていうケースが増えてくる。

ジャズ喫茶なんかにＧＳの人たちを観に行ってもさ、彼らはああいう場所では自分たちのやりたい洋物のカバーばっかり演ってるわけよ。そこに１、２曲だけ自分たちのシングル曲が入ると、違和感が半端じゃない。まあ、外国曲のカバーの方も、聴いてみると英語の発音とかめちゃくちゃなんだけどさ（笑）。

やがて、楽曲そのものの歌謡曲っぽさと、それに対して演奏する本人たちが抱いている不満のくすぶりが融合して、不思議な化学変化を起こす。俄然、俺はその変てこりんな感じがたまらないほど面白くなってきたわけ。落語の「酢豆腐」と一緒で、珍味をよしとする風流の美学って言えばいいのかな。

その様子を俯瞰して観察すると、いろいろと抽象化が可能になる。「この曲、ＧＳと銘打ってるけど、単に音がでかいだけで、ムードコーラスと一緒だよね」とか。

実際、ブルー・インパルスの「メランコリー東京」なんてムード歌謡以外の何物でもないし、GSブーム終焉後、ヤンガースやレオ・ビーツの元メンバーが集まって一番星というムードコーラスグループを結成したしね。

GSブームの中盤からは、時代のあだ花みたいなバンドがいっぱい登場した。ステージに犬を連れてくるヴァン・ドッグスとか、揃いの衣装がスカートというクーガーズとか。

GSの末期が始まったのは、やっぱり、オックスの失神から。ステージ上で気を失うオックスのパフォーマンスが評判を呼んだら、そのうち、他のバンドも失神するようになった。意味分かんないよね。

この頃気づいたんだけど、たぶん俺は、「カッコいい」要素と「笑える」要素が半々のものが好きなんだろうな。

その自分の体質に、GSというものがフィットしたんだと思う。振り返ってみれば、俺は子どもの頃から同じ視点で世の中を眺めていたような気がするんだ。

初めてバンドというものに参加したのは、中学3年生の時。さっき言ったエレキブームの全盛期だね。

本来は1級上なんだけど、落第して俺と同学年になった人たちばかりがバンドを組むことになって、そこに入れてもらったんだ。バンドの名前は「ニップルズ」。乳首って意味だね。まあ、いかにも男子中学生が考えそうな名前だよ。

ギターは、お洒落の手本になった前田一。あいつも留年しちゃったのよ。東京タワーの横に、前田のお母さんが道楽でやってる床屋さんがあったんだけど、そこにスパイダースのメンバーがよく出入りしてたんだ。その影響でニップルズは、スパイダースがカバーしていたアニマルズの曲をよく演奏した。それからもちろん、ベンチャーズもね。

他のメンバーはもうエレキギターとか持っちゃってたからさ、「じゃ、お前はドラムだったらやらせてやるよ」ってことで、父親に頼んで、グレイシーっていう国産の一番安いドラムセットを丸井かどこかで買ってもらった。当時のお金で3万何千円かしたね。

それでドラムをやったはいいものの、何かあんまり楽しくなくて、リードヴォーカルに変えてもらったのよ。そして、ちょっと続けた後、バンドから抜けちゃったんだ。

その後しばらくは、音楽よりも絵に興味が移って、バンドからは遠のいた。

そういや中学生の頃、クラシックと並行して、少しだけジャズピアノを習ったことがあるんだ。

近所に住んでたちょっと年上の不良っぽい知り合いがジャズに凝ってたから、その人に紹介されるような形でね。先生は、映画やCMの音楽も数多く手がけていたジャズピアニストの八木正夫さん。

俺、まったくジャズなんか知らなかったんだけど、いきなりビル・エヴァンスの「Waltz for Debby」の譜面渡されて「弾け」って言われて、当然弾けなくてさ。それでもうビビっちゃって、2、3回で通うのやめちゃった。

高校に上がった後、2度目の高校2年生の時、久しぶりにバンドに入ることになった。幼稚園の頃から仲のよかった池田諸苗さんのいとこに雅彦さんって人がいて、彼が慶應の大学生だったの。まあ、この人も例によって何度も落第してたんだけどさ。後にフォーライフでプロデューサーを務めるこの雅彦さんが、リアルマッコイズっていう音楽サークルから枝分かれした形で「ドン・ファァーマーズ」というバンドをやってて、そこでピアノが弾ける人間を探していた。それを知って、俺が参加したわけ。

音楽性としては、「Tiny Bubbles」などのヒットで知られるハワイアンシンガー、ドン・ホーの線を狙っていた。だいぶマニアックだよね。俺はそのバンドで、フロイド・クレイマーみたいなホンキートンクっぽいピアノを弾いてた。

それはそれで楽しかったんだけど、もうちょっとロックっぽくなりたくてさ、雅彦さんに、確か彼の同級生だった成毛《なるも》滋さんを紹介してもらったんだ。それが、2度目の高校2年生の時だった。

クラシックピアノを習うのは、落第を契機にやめたんだ。ピアノが原因でダブったわけじゃないけど、どうしてもクラシックが好きになれず、ロックに惹かれちゃったからね。親も、もうこの子はそっちの道には進まないだろうなってあきらめてたと思うしさ。

　後半は、レッスン日は日曜に変わったんだけど、割とずっと真面目に通ってたんだよ。最後は、バッハの「インヴェンション」まで終了したはず。「イタリア組曲」なんかも弾いたな。バッハだけは、結構好きだったんだ。今じゃもう、クラシックのピアノは全然弾けなくなっちゃった。


　成毛滋さんは、当時すでにGSのフィンガーズのメンバーとして活躍していたギタリスト。そして、もともとブリヂストンの創業者の孫だから、実家がものすごいド金持ちなわけ。超高級住宅街の麻布永坂町にあった自宅を訪ねたら、プールはあるわ、空手の道場はあるわという大豪邸で、そういう家を見慣れていたはずの俺もさすがに驚いたよ。

　成毛さんはちょうどその頃、本物のハモンドオルガンを買ったから、それまで使っていたファルフィッサというイタリアのメーカーのコンボオルガンが不要になった。それを俺に、2万円ちょっとで売ってくれたんだ。このオルガンが、自分の持ち物として手に入れた最初のキーボードだったね。

　そして成毛さんが、彼の親戚に当たるというひとりの高校生を連れてきた。それが、暁星高校に通っていた朝吹亮二。ベースの亮二を含め、俺たちは新しいバンドを組むことになった。最後までバンド名は決まってなかったな。

レパートリーは、レッド・ツェッペリンの「Living Loving Maid」とか、スティーヴ・ウィンウッドやエリック・クラプトンらが参加したスーパーグループ、ブラインド・フェイスの「Well All Right」とか。リバプールサウンドが中心だったロックというジャンルの中で、ニューロックというかアートロックが急激に台頭してきた時代だったんだよ。

本職のギターのみならず、ドラムもキーボードも何でも演奏できるプロのミュージシャンだった成毛さんに、俺たちは何とかついていけたかいけなかったかなというレベルだね。その後、亮二が受験勉強に専念するため抜けることになって、このバンドは自然消滅した。

努力の甲斐あって無事慶應の文学部に合格した亮二は、やがて母校の法学部で教授を務めるフランス文学者になって、詩人としても名を知られることになる。若い頃は、お洒落ばっかり気にしてる遊び人のお坊ちゃんにしか見えなかったんだけど（笑）。ちなみに、この亮二の娘さんが、芥川賞を受賞した作家の朝吹真理子さんになるんだよ。

成毛さんの家には、いろんな本物のミュージシャンが出入りしてた。例えば、ジャックス解散直後のつのだ・ひろ（現つのだ☆ひろ）がドラム叩きに来てたりさ。みんな「つのひろ」って呼んでたよ。あとは、ギタリストの陳信輝《ちんしんき》もよく来てた。このふたりには俺らのバンドに加わってもらったこともある。この辺りの人脈が交錯して、フード・ブレインやストロベリー・パスといったニューロックのバンドが生まれては消えていくんだよ。

俺が高校3年生の9月、成毛さんが発起人となって、日比谷野音で「ニュー・ロック ジャ

ム コンサート」というイベントが開催された。正式名称よりも、チケットの値段から採った「10円コンサート」という通り名の方が知られているね。

これは、アメリカで「ウッドストック・フェスティバル」を観てきた成毛さんが、日本でも同じようなフェスを開きたいと思って始めたもの。成毛さんの他、フラワーズの小林勝彦、ゴールデン・カップスのデイブ平尾、ミッキー吉野、そして陳信輝らが出演者として名を連ねていた。

この楽屋で、俺は内田裕也さんとの初対面を果たすんだよ。今となっちゃ、裕也さんがこのイベントに出演してたのか単に幅を利かせにきてたのか覚束ないんだけど、とにかく、楽屋で成毛さんが裕也さんに俺のことを紹介してくれた。「この男はキーボードが弾けるんですよ」みたいな感じでね。

今振り返ると、勝手にイベントを仕切り始めたりする裕也さんのことを、成毛さんはよく思ってなかったんじゃないかという気もするんだけど、俺にとっては、ここでの出会いが後になって生きてくる。

高校時代には、「東京特許許可局」というバンドを組んでいたこともある。この名前は、シカゴがかつて名乗っていた「シカゴ・トランジット・オーソリティ」、すなわち「シカゴ交通局」からヒントを得たんだよね（笑）。

メンバーには、田山雅充と斎藤ノブ（現・斎藤ノヴ）がいた。ふたりはどちらもヴォーカル。

田山さんは、76年にシンガーソングライターとして「春うらら」という曲をヒットさせることになる。斎藤ノブは当時、下田逸郎とシモンサイというデュオを組み、プロとして活動していたね。

東京特許許可局は、どこかの公会堂でいくつかのバンドが出演するようなイベントで一回だけライブをやって解散しちゃった。レパートリーは全部、田山さんが書いたオリジナルだったと思う。具体的には覚えてないんだけど、恐らくはフォークロック的なものだったんじゃないかな。

初めてミュージシャンとしてギャラを得たのも、高校時代。夏休みのアルバイトとして、池袋の駅ビルにあった「東京丸物《まるぶつ》」っていう百貨店の屋上ビアガーデンのバンドにキーボードで入ったんだ。このデパートがあったビルには、今はパルコが入ってるね。

池田雅彦さんの友達に、ヴィレッジ・シンガーズの初代メンバーだった南里《なんり》孝夫さんって人がいてさ。その紹介でもらった仕事だった。この南里さんは、「道徳再武装」っていう運動に携わってた人なんだ。

この国際的運動は英語でモラル・リアーマメント、略称をMRAといって、ここから、各国にシング・アウトというバンドが生まれる。日本のシング・アウトでキーボードを弾いていたのがピコという愛称でも知られる樋口康雄。俺、彼が忙しい時に何度かシング・アウトのキーボードをやったことがあるんだよ。別にＭＲＡの思想に共鳴したわけじゃないんだけどさ。

ビアガーデンの仕事は、現場で初対面のメンバーと落ち合って、渡された譜面通りに演奏するというもの。ここで出会ったベーシストが、クマ原田。彼は、後にヨーロッパに渡ってミュージシャンとして活動することになるんだよね。この時は確か、フィフス・ディメンションの「Up, Up & Away」とか演ったなあ。

今夜もテンテン　6

1969-72「anan」編集部と大学にて

普通よりも1年長く続いた高校時代の終盤、ずっと愛読していた雑誌の臨時増刊号「平凡パンチ女性版」の誌面に、新たに創刊される女性誌の編集スタッフを公募するという記事を発見した。

それは、例の期末テストの不正によって奇跡の逆転劇が起こる前のことだった。当時の成績じゃそのまま大学に内部進学するのは無理だろうという危惧もあったから、その担保として、この編集部に就職すれば何とかやっていけるんじゃないかという目論見で、所定の書類を揃えて送ったんだ。

そんなこともすっかり忘れた頃になって、平凡出版（現マガジンハウス）の椎根和《しいねやまと》と名乗る人物から電話がかかってきた。大学に入学してほどない時期だったね。「よかったら編集室に来ないか」と言うんで、東銀座の本社とは別に六本木に設けられていた新雑誌の編集室に駆けつけた。場所は、「ゴトウ花店」の裏辺りのビルのペントハウスみたいなところ。訪ねたのは夕方だったんだけど、その夜から、早速アルバイトのスタッフとして働くことになったんだ。

その雑誌が、70年3月に創刊されたばかりの「ａｎａｎ」。

この雑誌がスタッフ募集を標榜してアンケートを集めたのは、どうやら市場調査、今で言うマーケティングが主な目的だったことが分かった。

だって、公募で採用されたのは、何万人と応募があったと聞く中からたったふたりだけだったから。それが、俺と、八十島健夫《やそじまたけお》さんというカメラマン。椎根さんが、このふたりは面白いと思ってくれたらしい。

応募の際に提出した作文には、「内田裕也は絶対にスターになる」という文章を延々と書いた。

うんと小さい頃から、裕也さんは絶対面白いから、絶対どこかで売れるだろうなと確信してたんだ。まず、ＭＣがいいんだよ。言ってることにまったく意味がないの。それがおかしくってさ。本当の意味でのナンセンス。だって、オチがないんだもん。

いわゆる関西風のベタな笑いじゃないんだよ。あの人は西宮生まれだけど、関西人の気配を消していた。

後年の裕也さんとの長い付き合いの中で、あの人の口から関西弁がポロッとこぼれるのを、一度も聞いたことがない。裕也さんが若い頃に出てた何かの映画で関西人を演じたことがあったんだけど、関西弁を聞いたのは、結局その時だけだね。

あの人のよく言う「てめえこの野郎」とか、いかにも東京っぽいじゃん。関西風のボキャブラリーも漏らしてないもん。「アホ」とか「ボケ」とか言わなかったし。

俺がその作文を書いた当時、世間一般の内田裕也観といえば、あくまでも「軽薄な人」ってところだった。まだ、危険な匂いはなかったんだよね。あの声質としゃべり方から受ける印象は、何かペラペラって感じでさ。まあ、しゃべり方と人格は一致するから（笑）。そうそう、あの頃からすでに、やたらと「仕切りたがる人」ではあったんだよ。


当時の「ａｎａｎ」は、今の「ａｎａｎ」とはまったく違う雑誌だったね。本当にお洒落なもんだったよ。創刊当初は、提携していたフランスの雑誌「ＥＬＬＥ」の日本版という位置付けで、正式な誌名も「ａｎａｎ ＥＬＬＥ ＪＡＰＯＮ」だったんだ。

あの頃の「ａｎａｎ」のスタッフは、今振り返ってみても錚々たるスター揃い。

後にマガジンハウスの社長・会長を務める木滑良久《きなめりよしひさ》さんがいたでしょ、「Ｈａｎａｋｏ」「ｒｅｌａｘ」の創刊編集長になる椎根和さんがいたでしょ、「ＢＲＵＴＵＳ」「Ｔａｒｚａｎ」の創刊編集長になって「トゥナイト2」の司会も務める石川次郎さんがいたでしょ、映画・音楽評論家に転じて「11ＰＭ」にも出演することになる今野雄二さんがいたでしょ、「Ｏｌｉｖｅ」「ａｎａｎ」の編集長として黄金期を築いた淀川美代子さんがいたでしょ、新しい女性誌の文体を作り上げた三宅菊子さんがいたでしょ……。

初めて編集室に行った時に驚いたんだけど、毎日、スタッフが集まるのは夜になってから。7時ぐらいになってようやくみんなが出社してきて、ちょっと顔合わせしたら、三々五々夜の街に消えていく。そして、朝の8時頃になると戻ってくる。もうみんな、酒も入っていい調子になってるんだよね。そして、タクシー券を手に取って家に帰っていく。

このタクシー券、経理のところに箱ごと置いてあって、近くに転がしてある責任者の判子も勝手に押していいのよ。バイトの俺が持っていっても構わない。いっぱい持ってっちゃっても分からないから、友達にあげちゃったりもしたな。まあ、大らかな時代だったよ。

あと、近所の店で使える食券も取り放題でさ。俳優座の向かいにあった「六本木食堂」とその2階にあった「天六」っていう天ぷら屋には毎日のように通ったもんだよ。

来る日も来る日も取材のお供。そのうち、赤坂にあったディスコ「ビブロス」とか、遊び場も顔パスで一銭も払わず入れるようになっちゃった。

肝心の仕事はといえば、使いっ走り。何でもやらされてたけど、一番多かったのは、どこかに行って撮影用の小道具を借りてくるってやつ。当時は、洋服をコーディネートする職業じゃなく、こういう役割をスタイリストって言ってたんだよ。「ａｎａｎ」では、フランス語で「スチリスト」って呼んでた。

途中からは、ライターとして記事も書かせてもらえるようになった。「熊猫週報」というコラムのページがあって、時々寄稿したんだよ。「ジョン・レノンには何を贈ったら喜んでもらえるか」というテーマで、日本の霊柩車をプレゼントしたらうれしがるんじゃないかと書いたのを覚えてる。

あの頃はインターネットもないからさ、雑誌の存在は今とは比べられないぐらい大きかった。編集部員が自ら六本木や赤坂に足を運んで、アパレル系やヘアメイク系といった流行を作り出す人たちが遊んでる現場から得た情報は、本当に貴重だったんだ。

アルバイトの給料は、他と比べて特に高くもなかったけど、とにかくタクシー券と食券さえあれば十分すぎるぐらいに十分だった。

初めて直に接した社会というものがこれじゃあ、真面目に大学に通うのなんて嫌になっちゃうのも当たり前だよね。ついでに、音楽に対する情熱も失せていたんだけど。

大学では、文学部に入学した。

慶應の付属高校では、成績が悪い生徒は法学部政治学科か文学部に進むものと相場が決まってたんだよ。

実は、入学する前の段階から、どうせ自分は大学を卒業できっこないだろうと踏んでいた。もしもそうなるとしたら、「文学部中退」の方が、哲学的な懊悩を想像させるから字面がいいなと思ってさ。それに比べて「政治学科中退」は、下から来た人間からすると馬鹿のレッテルそのものなわけ。

いざ大学に入ってみたら、自分のその選択を激しく後悔することになった。

政治学科は、授業になんか出なくとも楽勝で進級できるのよ。一方、文学部は語学のクラスではしっかり出席を取ったりと、まるで高校並みに厳しかった。しかも、専攻が決まるのは1年時を終え、日吉から三田キャンパスへと移ってから。1年生のうちに自主退学しちゃうと、履歴書なんかの公式な書類では、高卒としか名乗れないという。こりゃ失敗したわと思ったね。


大学には音楽に関する同好会みたいなものもいろいろとあったけど、まったく関わりを持つことはなかった。

俺、ああいうキャンパスのサークル活動がものすごく嫌いでさ。「あんなもんやるか、馬鹿野郎」って思ってたの。何かアマチュアっぽいじゃない。そもそも、ロックとかエレキとかってさ、学校のサークルで和気あいあいとやるもんじゃねえじゃん（笑）。

当時は、ロックを始めとするカウンターカルチャーが台頭する一方で、70年安保をめぐって全共闘のような学生運動も激しさを増していた。

実際、セクト的なイメージのない慶應といえど、少しはバリケードが存在したし、その影響を受けて授業がつぶれたこともあった。

いろんな意味で、「これからは大学に行く必要なんてないよ」という雰囲気も漂い始めていたんだ。だから、ノンポリの学生はこれ幸いと学校に行かないようになって、気がついたら中退してたというケースも多かった。特に、内部進学組は辞めがちだったね。まあ、経済的に右肩上がりの時代だったから、何とかなると思えちゃったのかもしれないけど。

俺は、やがて1年生を3回だったか繰り返した後、大学を辞めることになる。その前に、大学のカウンセラーから「これ以上在学しても、もう無駄だから辞めたらどうですか？」と助言されたりもしたんだよ。

退学届を出した時のことは、まったく覚えていない。ひょっとすると、自分じゃなくて親が手続に行ったんじゃないかな。そのぐらい適当な気持ちだったのよ。

高校でダブった時もそうだったんだけど、留年しようが中退しようが、成績や素行の面で親に怒られたことはない。基本的に俺は天邪鬼だから、何か言っても逆効果になると思ったのかも。それ以前に、両親は根拠もなく俺のことを信頼しきっていた気がするな。

パーティ・パーティ　1970-75 ミュージシャンとして表舞台へ　7

大学に入学した70年は、「ａｎａｎ」の仕事があまりにも面白すぎたもんで、バンドのことなんてすっかり頭から消え失せていた。しかし、ひとつの出会いが、俺をミュージシャンとしての表舞台に引っ張り上げた。

そこからは、まるで堰を切ったかのように、いくつもの活動に並行して関わり続ける怒涛のような日々が始まった。正直言うと、当時の自分の身が巻き込まれた出来事の順番をはっきり覚えていないぐらい。

ある日、「ａｎａｎ」の取材で立川直樹と名乗る男に会った。場所は、スタイリストの堀切ミロが霞町で経営していた「茶蘭花《ちゃらんか》」という喫茶店だった。

あいつ、今は何だか正体不明のプロデューサーみたいになってるらしいけど、もともとミュージシャンだったんだ。女性ヴォーカルを擁するサミー&チャイルドというソウルグループや、安岡力也がいたシャープ・ホークスというＧＳのバックバンドだったシャープ・ファイブで、ベースを弾いてたのよ。

その時の会話の流れで、俺がキーボードを弾くことを知った立川は、「じゃあ、今度カルメン・マキのバンドに参加してくれないか」と言う。ずいぶん安直な話だよ(笑)。

それで、俺はその年の12月、有楽町で1週間にわたって行われる「日劇ロック・カーニバル」の第1回に、カルメン・マキ&タイムマシーンというバンドの一員として出演することになった。このイベントのヘッドライナーは、ジョン・メイオールだったね。

寺山修司の率いる劇団、天井桟敷に所属していたカルメン・マキは、俺と同じ51年生まれ。69年に「時には母のない子のように」で大ヒットを飛ばしたばかりだったんだけど、この当時は、ジャニス・ジョプリンの音楽に触れ、自分はフォークじゃなくロックをやりたいと思い立ったところだったんだ。

日劇のステージに立つということに対する緊張感はまったくなかったね。俺、自分のことを天才だと思ってたから。

いざ演奏してみると、カルメン・マキのヴォーカルには、どうにもこうにもグルーヴが欠けている。そのことにイライラしちゃってさ。何か、真面目なんだよね。それで、俺とはすごく相性が悪くって、このバンドはこれっきりになっちゃった。

ちなみに、ここでドラムを叩いてたのが、この後しばらく俺と活動を共にすることになる金沢淳一だった。ギターは長岡忠治だったね。

この辺から、「ａｎａｎ」でのアルバイトには行かなくなっていた。あいまいな感じで終わっちゃったね。編集室で働いていた期間は、せいぜい10カ月ぐらいだったかな。

次の71年には、初めてのレコーディングを体験する。

当時はレコード会社も景気がよかったし、年度末に予算が余ると税金対策上使い切っちゃった方がいいから、何かわけの分かんないレコードをいっぱい作ってたんだよ。

それで企画されたのが『フレンズ』というアルバム。プロデューサーは、ＧＳの４・９・１（フォー・ナイン・エース）ってバンドでドラムを叩いてた加藤章二という男。彼が、当時はミッキー・カーチス＆サムライのベーシストで後にイギリスに渡ってフリーやフェイセズに加入する山内テツを中心に、元ダイナマイツの瀬川洋と元ビーバーズの成田賢をヴォーカルに据え、ザ・バンド、エルトン・ジョン、ジェームス・テイラーといった洋楽ヒットをカバーさせたＬＰなんだ。俺はここでキーボードを弾いている。

レコード会社がミュージシャンに小遣いを稼がせるために制作するようなこの手のアルバム、俺は結構な数、参加してるはずだよ。

当時、本職のスタジオミュージシャンっていうのは、やる音楽を選ばなかった。ただ、そういう人はジャズ上がりが多かったりするから、ロックっぽい音が出ないんだ。

ちょっとロック寄りのサウンドを求めたいディレクターは、個人的な伝手で若いミュージシャンを集めていた。知り合いがその知り合いを連れてくるような感じでね。

スタジオ専業のプロならば、現場で渡された譜面を初見で難なくバッチリ弾けちゃうわけ。でも、ロック世代のバンドマンは譜面が読めないから、ちょっと練習してから本番に入るという不器用なやり方を取らざるを得ない。時間がかかるんだよ。

ということで、ロックの人たちを集める場合は、スタジオの一般営業が終わってから、真夜中にレコーディングを行うことが多かった。そうすると利用料が安いんだよね。

しかし、ろくにそんな見当もついてなかった俺たちは、ただ無邪気に「やっぱりロックは夜中にやるもんだよな」とか、勘違いして気勢を上げてたんだけどさ（笑）。


71年の夏には、裕也さんから電話がかかってきて、麻生レミさんのバックでピアノを弾くことになった。野音の楽屋で俺と話したことを覚えてくれてたんだよね。

彼女は、裕也さんがプロデュースを手がけていたフラワーズにヴォーカルとして参加するも、この前年に脱退。フラワーズがフラワー・トラベリン・バンドに改名して方向転換した一方、自身は渡米してソロ活動を行っていた。

その頃、赤坂にあった「ムゲン」というディスコに、アメリカのバンド、バーケイズが1カ月限定だったかのハコバンとして入っていた。一応説明しておくと、ハコバンってのは、その店にレギュラーとして雇われているバンドのことね。

このバーケイズが、本当に最高だったのよ。今までの人生で観てきたバンドの中でも一、二を争うほど素晴らしい演奏を毎晩繰り広げていた。俺は、バーケイズを観るためにムゲンに通い詰めてたからね。

バーケイズは、そもそもオーティス・レディングのバックバンド。オーティスが亡くなった飛行機事故の際、同乗していたメンバー4人を失うという悲劇に遭ったことでも知られる。この時来日していたのは、その後のメンバーチェンジを経てからの編成だった。

彼らが7月に日比谷野音でコンサートを行うことになり、その前座の形で麻生さんが出演することになったんだ。本来、彼女のバンドのキーボーディストは柳田ヒロが務めていたんだけど、その日だけスケジュールの都合が付かなくて、俺にお鉢が回ってきたわけ。

和製ジャニス・ジョプリンと称された麻生さんは、ジャニスの「Move Over」などを熱唱。まあ、すごい歌い手だったよ。

ちなみにこのライブ、村上龍の芥川賞受賞作『限りなく透明に近いブルー』に、ドラッグまみれの主人公たちが観に行くという形で登場してるんだ。

出番が終わってステージの袖にはけると、誰かがツカツカと俺の方に歩み寄ってきた。それが、かまやつひろしさん。「君のキーボード、すごくいいねえ。今度、僕は九州でツアーをやるんだけど、参加してくれない?」と言う。

俺はスパイダースのファンだったから、天にも昇る心持ちになっちゃってさ。すぐ、きっかけを作ってくれた裕也さんに報告したわけ。さぞかし喜んでくれるかと思いきや、返ってきた答えは「てめえ、ムッシュと俺とどっち取るんだよ、馬鹿野郎！」。

烈火のごとくという言葉はこういう時に使うんだなとしみじみ感じ入るほど怒られて、かまやつさんには「すみません。これこれこういういきさつでかまやつさんとご一緒することは一生無理だと思いますので」と電話で丁重に謝ったんだ。

その後、かまやつさんとバンドで共演することは本当に一度たりともなかった。かまやつさんが亡くなった後に故人を追悼する番組があって、俺は、確かＣｈａｒなんかと一緒にかまやつさんが作った楽曲を演奏したんだ。後日、その放送を観ていたという裕也さんが「あれ、よかったよ」と褒めてくれたんだけど、50年近く前のあの烈火のごとき怒りは何だったんだろうと思ったよ……。

とにかく、あの時以来、俺は内田裕也の一家の者になったんだなと観念し、ずっとやってきたわけ。

野音のライブのギャランティは、裕也さんが当時住んでいたキラー通りの秀和レジデンスまで直接受け取りに行った。確か1万円だったな。裕也さん、お金に関してはきれいな人なのよ。というか、基本的に紳士。酒癖が悪いとか、癇癪持ちだとかいった部分はあるけれど、それはそれで、芸風として楽しめるからさ。

裕也さんと親しくなった頃は、「内田裕也対はっぴいえんど」という構図の日本語ロック論争は、もう下火になっていた。

俺は、日本語でロックを歌うという行為自体に関しては、まったく抵抗はないのよ。GSだって好きだったわけだしさ。ただ、はっぴいえんど的な「です・ます調」がピンと来なかった。その文学青年っぽさに抵抗があったんだろうね。悪そうな音楽が好きだから。あと、「はっぴいえんど」というバンド名の平仮名表記も、生理的にどうしても受け付けなかった。

俺に言わせりゃ、あれはフォーク。とにかくフォークがダメなの。なかでも、はっぴいえんどが一時期バックバンドを務めてもいた岡林信康の「山谷ブルース」は苦手だったなあ。詞は悲しいし、曲はつまんない。

日本のフォークって、アメリカで起こった運動的なものとは性格が違うと思うんだ。社会との関係性に興味を持ったんじゃなく、単にギター弾きながら歌うのがカッコいいという理由でフォークに飛びついた若者が多かったんじゃないかな。エレキは高いけどフォークギターなら手に入れやすい。それだけのシンプルな話だったと思うんだ。


この頃合いは、カルメン・マキ&タイムマシーンのドラマーだった金沢淳一を通じた人脈が広がっていった時期でもあった。

ジュン坊は、もともとグレープ・ジュースというGSの卵みたいなバンドに属していたものの、結局、レコードデビューまでたどり着くことができなかったんだ。

グレープ・ジュースの後、ジュン坊は「エモーション」というバンドに入る。エモーションは、ビーバーズというGSのヴォーカルだった成田賢とギターの平井正之を主軸としたグループ。横浜・元町の「アストロ」ってディスコでハコバンをやって人気だったんだけど、成田賢が肺結核を患っちゃって、一度解散していたんだ。

71年になってから、1年ほど療養していたナリケンが療養から戻り、エモーションを再結成することになった。その時に、俺はジュン坊から一緒にやらないかと誘われ、このバンドに加入するんだ。

ミッキー・カーチスらが創設した「マッシュルーム」というレーベルからデビューする準備も始め、エモーションとして日比谷野音のイベントにも何度か出演した。

ところがちょうど同じ頃、元ハプニングス・フォーのベーシスト、ペペ吉弘さんから、気が遠くなるほどの好条件で新しいバンドへの合流を打診されるんだ。何しろ、「もし加入してくれたら、ハモンドオルガンを買ってやる」って言うの。当時のハモンドといったら、そりゃ高額な楽器だったからね。

コロッと寝返って、「すいません。エモーションの方、できなくなりました」と詫びを入れに行ったんだ。その時、平井正之さんに言われたの。「もう今回のことはしょうがないけど、お前がこれからどういう人生を歩むか、俺はずっと見てるから恥ずかしいことするなよ」って。この言葉は、未だにずっと肝に銘じてる。まあ、恥ずかしいこと、しちゃってるかもしれないけど。

ところが蓋を開けてみたら、ぺぺさんが買ってくれたのは本物のハモンドじゃなくって、日本製の安い類似品でさ。あれは自分の人生における最大の汚点だよ。

さらにひどいことには、いざそのバンドに入ったら、すでにもう、レコードは出来上がってたわけ。スタジオミュージシャンが録音したお仕着せの企画盤で、俺らは後付けで実体を伴わせるために集められたわけよ。

そのバンドの名前が「羅生門」だった。

1枚目のアルバムは『日本国憲法 平和・自由・愛』。憲法の第一章から第九章までを歌い上げるという変わった試みでさ。何でも、フィフス・ディメンションがアメリカの独立宣言にメロディーを付けたのに触発されたらしいね。

ぺぺさん以外のメンバーは、ヴォーカルがハーフ・ブリードというハーフばかり集めたGS出身のポール湯川、ドラムスがお馴染みの金沢淳一、フルート／サックスが金子道大。そしてキーボードの俺は、近尾春親という変名でクレジットされている。

最初のツアーで大阪に行ったら、中之島にあった高級ホテルに泊めてくれるわけ。喜んだのも束の間、宿泊代が払えなくなったらしく、チェックアウトできず閉じ込められちゃってさ。最終的には、当時ぺぺさんと一緒に会社やってた元石原プロモーションの何とかって人が博打か何かで急遽金作ってきて、ホテルから出られたんだ。めちゃくちゃだよ（笑）。

東京に戻った後は華々しくコンサートを開くと聞かされてたのが、そんな話は消え失せて、急にナイトクラブのハコバンをやらされたの。赤坂の「ポテトクラブ」って店で毎晩毎晩朝までずっとだよ。

その時の対バンが、アイ・ジョージのバックバンドであるジャパニーズだった。いろいろな外国人を集めた国際的なグループだったんだけど、そのバンマスが元リンド&リンダースの加藤ヒロシさんだったのよ。

羅生門のポール湯川ってのが、ハワイ出身の中国人と日本人のハーフで、やたらと女にモテるんだよ。こいつが銀座かどっかの店のママをいてこましちゃってさ、彼女がその名も「羅生門」というクラブを赤坂にオープンすることになったのよ。

今度は、その店で連夜にわたってハコバンを務めることになった。そこは深夜からしか営業してないクラブなの。というのも、銀座の店が閉まった後に、ホステスが常連を引っ張ってきて飲み食いする場所だったから。もちろん、そんな客が堅気のわけないじゃん。世の中には怪しい大人がいっぱいいるんだなということを勉強しましたよ。

……とか思ってる間に、この店もほどなく立ち行かなくなって、つぶれちゃった。楽屋に製氷機があって、すごく寒かったことを覚えてるよ。

さらにひどいことには、気がついたら、俺の与り知らぬ間に2枚目のアルバムが出てるのよ（笑）。『インディアン、死よりも赤を選ぶ』っていうタイトルでさ。ジャケットには、アメリカ西部の大地に立つ俺の雄姿が写ってるけど、もちろん合成だよ。
ちなみに、俺の代わりにキーボードを弾いてるのは、全編曲を手がけた穂口雄右《ほぐちゆうすけ》。ＧＳのアウト・キャスト出身の彼は、この数年後、キャンディーズのメインソングライターとして名を馳せることになる。

その頃、ナベプロが新たに設けたロックセクションが、原宿のボロい建物にオフィス兼スタジオを構えてたのよ。中井國二《くにじ》さんというタイガースのマネージャーだった人がそこの長だったと思う。

ここでは、ミュージカル「ヘアー」の関係者なんかをよく見かけた。後にミスタースリムカンパニーを主宰する深水《しんすい》龍作とか、ガロのメンバーだった大野真澄とかね。

裕也さんとの関係からここに出入りするようになった俺は、あるナベプロのマネージャーに出会う。それが現在のアミューズの総帥、大里洋吉。

とにかく、大里とは最初っからウマが合ったんだよ。すごく頭が切れるし、英語もちゃんとしゃべれるしね。「お前、エルトン・ジョンみたいになれば売れるぞ」とアドバイスを受けたこともあったな。向こうの方が5つも年上なんだけど、俺はずっとタメ口で接してるんだよね。

当時の大里は、何組かのＧＳのマネジメントを手がけていた。

まずは、ワイルドワンズ。

あの頃の彼らは、何を思ったか、急にジャクソン5を目指すと言い出し、楽器を捨てて「Never Can Say Goodbye」とかを全員で踊りながら歌い始めていた。だから、別途バックバンドが必要となった。

次に、ロック・パイロット。

当時の英米では、大物ミュージシャン同士が結成するスーパーグループが流行っていた。その動きに呼応する形で、日本でも、タイガース、スパイダース、テンプターズというGSの人気バンド3組の元メンバーが集ったPYG《ビッグ》というグループが誕生した。

ロック・パイロットは、その弟分。ファニーズ、ピーターズ、P.S.ヴィーナスという3組のB級GSの残党が作ったバンドだった。彼らのあるシングル曲のイントロには、キーボードがどうしても不可欠だったの。

そして、アラン・メリル。

有名なジャズシンガー、ヘレン・メリルの息子である彼は、母親の再婚相手が通信社のアジア総局長だったため日本に住んでいた。リードという在日米国人ばかりのバンドでデビューしたはいいものの、他のメンバーが大麻不法所持で捕まってしまい、あっという間に解散。その後、ソロに転身していた。

大里曰く「ワイルドワンズ、ロック・パイロット、アラン・メリル、この3組のキーボードを全部掛け持ちしてくれたら、1組分のギャラを払うよ」。ということで、俺は、GSを象徴する祭典、日劇ウエスタン・カーニバルに出演することになったんだ。あれは、71年の夏だったと思う。

　あのイベントに関してはそれまでも、いろいろとコネを駆使して楽屋の方からタダで入ったりするコツは心得ていたんだけど、何と自分自身が舞台に立つ日が来るとは。もう金は二の次で、二つ返事でOKしたよ。


　俺がバックを務めたウエスタン・カーニバルの後で、アランとナベプロとの契約は切れた。でも、アランと演奏するのはすごく楽しかったから、「ナベプロ辞めてからも一緒にバンドやろうよ」って誘ってみたんだよ。

　最初は、ウエスタン・カーニバルの時の編成そのままに、ヴォーカルとギターがアラン、ドラムスが金沢淳一、キーボードが俺、そしてベースが元ゴールデン・カップスの林恵文《りんけいぶん》という4人で活動しようと思ったの。ところが、林恵文が「自分はもうプロのミュージシャンは辞める」って言い出して……。

　しょうがないから、アランとジュン坊と俺とのトリオになった。俺は、右手でオルガンを、左手でキーベースという鍵盤のベースを弾くことにしたんだ。つまり、ドアーズのレイ・マンザレクみたいなスタイルだね。

　一方、その頃はT・レックスが人気で、俺たちもよく彼らの楽曲を披露していた。T・レックスというのはティラノサウルス・レックスの愛称だから、それに勝つにはどうすべきか、ということでアランが提案したバンド名が「ゴジラ」だった。彼の発音通りに言うなら「ガッズィーラ」。

ゴジラの活動が始まったのは、72年の春。最初の仕事は、パイオニアの商品の販売促進のために全国を巡業するツアーだったね。第1部がフィルムコンサートで、第2部がゴジラのライブという構成だった。

その頃、また別のグループを組む話が持ち込まれた。実家の近所に、ズー・ニー・ヴーっていうGSのギタリストだった高橋英介が住んでて、彼に一緒に何かやらないかと言われて、バンドに入ってみたんだ。

メンバーは、高橋の他、ベースに元ザ・エムの岡沢章、ヴォーカルには後に「ルパン三世のテーマ」を歌うピート・マック・ジュニアがいた。ギタリストを選ぶオーディションに、外道を結成することになる加納秀人がやってきたなんてこともあった。

でも、その方針というか、事務所の社長の意見とあんまり反りが合わなくて、このバンドで活動する話は立ち消えた。でも、確かその社長からもらった仕事があって、それが、軽井沢のディスコでのハコバンだったんだ。ゴジラの合宿を兼ね、その年の夏は1カ月間ぶっ通しで、「アスカ」という簡易ディスコみたいな場所で演奏し続けたよ。

バンドの音もようやく固まってきたから、あれはコロムビアだったか、レコード会社のオーディションも受けてみたものの、評価は今ひとつで、デビューの話は潰えたんだ。

　この頃、アランが聴かせてくれた自作の楽曲というのが、どれもこれもカッコいいのよ。日本人がロックとして把握している音楽の作り方と、彼のそれはまったく違う。そもそも、楽曲を構成する要素のプライオリティが異なるんだ。

　日本人なら、まずメロディーがあり、それに対してコードを付けていくというやり方が普通なんだけど、アランの場合は、まずひとつの太いリフを考案し、それに対してカウンターとなるひとつの旋律をぶつける。このふたつだけで音楽が成り立つの。

　いわゆるコード進行の発想が存在しない。もちろん曲中でコードは変わっていったりするけれど、とにかく、それまで自明の理だと思っていた音楽の構築法とは別物。

　録音物として完成済みの外国の音楽ではなく、無の状態から外国人が作る音楽というものに初めて直に接して、音楽へのアプローチの意味合いが彼我において根本的に違うという事実に愕然としたんだ。

　ただ、英米のミュージシャンが押しなべてそういう手法を取っているのか、アランという人間特有のことだったのかは分からない。まあ、後になって、日本人同様、旋律と和声の関係性をベースに音楽を作っている人たちも英語圏にはたくさんいるんだという事実には気づいていったんだけどね。

　さて、アランの国籍はアメリカにあったので、ビザの更新のたびに本国に帰らなくちゃいけない。でもさ、バンドって、継続的に顔を合わせてないと心が離れちゃうのよ。

別に疎遠になったわけじゃないんだけど、半分アマチュアみたいなものだったこともあって、バンドの存在自体があいまいになり、ゴジラは自然消滅しちゃったんだ。

でも、実はゴジラとしての音源はしっかり残ってるんだよ。『ゴーゴー大パーティー第3回ROCK IMPULSE!』という洋楽カバーばかり収めた企画盤があって、そのうちの半分の演奏に参加してる。

バンドの名義は「ゴジラとイエロージプシー」。イエロージプシーというのは、ここでアレンジャー兼ギタリストを務めた加藤ヒロシのこと。羅生門の時、ハコバン同士として知り合った縁から舞い込んだ仕事だね。

このレコード、72年と73年の2度、ジャケットと収録曲を変えた同名のLPとしてリリースされてるからややこしいんだけど、今じゃ結構なレア盤らしく、3万円近くで取引されてるのよ。

ここでは、ディープ・パープルの「Highway Star」、レッド・ツェッペリンの「Rock and Roll」、T・レックスの「Get It On」なんて曲をカバーした。

なかでも印象深いのが、ホット・バターの「Popcorn」。電子音楽の先駆けと呼ばれた原曲ではモーグのシンセサイザーがメロディーを奏でてるんだけど、そんな大層な楽器は持ってなかったからさ、俺が歯をカチカチ鳴らしながらその音色を真似てるの。

考えてみれば、当時の俺は、楽屋ではアラン相手にすべて英語でコミュニケーションを取ってたんだよな。おかげで英会話も結構上手になったよ。今じゃその片鱗すら残っちゃいないけどね……。

この72年には、ゴジラとは別にアランから誘われて、裕也さんがオールドスタイルのロカビリーをやるために新しく作った「内田裕也&1815ロックンロールバンド」に加入する。結成当初は、ヴォーカルが裕也さん、ギターがクリエイションの竹田和夫、ドラムスが元テンプターズの大口広司《ひろし》、ベースがアラン、そしてキーボードが俺という布陣だった。

裕也さんは派手好きだからさ、華々しいお披露目の舞台としてフジテレビの「リブ・ヤング!」という番組を選んだんだ。

生放送当日の10月8日、スタジオに行ったら、一組のアマチュアバンドが前座として出演するという。その4人組は、こちらに対してやたら腰の低い姿勢で接していた。俺たちは俺たちで、どうせ素人だし大したことないだろうと高をくくっていたわけ。

ところが、リハーサルで彼らが「Good Old Rock 'N' Roll」のカバーを演奏し始めた瞬間、それを観ていた1815のメンバーは全員ぶっ飛んじゃった。こりゃ絶対勝てないなと思った。それほどカッコよかったのよ。音もよくってね。そのバンドの名前が、「キャロル」だった。

こっちは本番前だというのにすっかり意気消沈しちゃってさ。俺ら、昔のロカビリーは確かに再現してるんだけど、中途半端な長髪にロックっぽい衣装で、格好がサウンドに全然合わない。対するキャロルは、ハンブルク時代のビートルズを模したようなリーゼントに革ジャンでビシッと揃えている。見た目の時点でもう完敗してた。

出鼻をくじかれた結果、この編成での1815ロックンロールバンドを続ける構想は、その日限りで雲散霧消しちゃった。

この後すぐ、アランは、「ウォッカ・コリンズ」の結成に参加する。ヴォーカルとギターがかまやつひろしさんとアラン、ドラムスが大口広司、ベースがフォーリーブスのバックバンドだったハイソサエティーにいた横内タケ。さっきの1815からメンバーがふたり移行している。

翌73年、「サンズ・オブ・タイム」「オートマティック・パイロット」といった名曲を残し、アランはウォッカ・コリンズを脱退して渡英。アローズというバンドを組んで、「I Love Rock 'N' Roll」を世に送る。この曲は、82年にジョーン・ジェット&ザ・ブラックハーツがカバーし、ビルボードの首位に輝く大ヒット曲となった。

遠く離れて暮らすようになってからも、俺とアランはお互いに連絡を取り合っていた。つい最近も、近々一緒に音楽を作ろうと約束したり、お互いの誕生日を祝い合ったりしていた。あいつと俺は、同い年で誕生日も6日しか違わないんだよ。

アランは、20年3月29日、新型コロナウイルス感染による肺炎で亡くなってしまった。残念でならない。冥福を祈るよ。

1815ロックンロールバンドは、最初の挫折を経て、なし崩し的に内田裕也+クリエイション+近田春夫というメンバー構成に変わる。ブッキング済みの公演もあったから、急遽形だけでも整える必要があったんだ。それで、裕也さんがかわいがっていたクリエイションを丸ごと引き込んだわけだね。

73年には内田裕也&1815ロックンロールバンド名義で『ロックンロール放送局』がリリースされてるけど、ここで演奏している面子は楽曲によって異なる。実際にバックバンドとして稼働していたクリエイション+近田春夫の場合と、後に井上尭之バンドに発展する大野克夫さんや岸部修三(現・一徳)さんたちの場合があるんだよ。

クリエイションとのバンドでは、ツアーも回った。第1部はクリエイション単体で、第2部は1815という変則的な形。

すると、俺の出番が少なくて何だか寂しくなる。そして、そもそもクリエイションはハードロックのバンドだから、ギターの音量がとにかく大きい。そういう編成だと、俺が弾く生ピアノがまったく生きないのよ。

そんなこともあって1815を抜けたくなったんだけど、内田組に一度入ったからには、指でも詰めないと辞められないな、ぐらいの悲観的な気持ちに陥っていた。

いろいろ考えた末、自分のバンドを作るって名目なら抜けられるんじゃないかという妙案が浮かんだ。そのために無理矢理結成したのが、「近田春夫&ハルヲフォン」なんだ。

この頃、神崎《こうざき》みゆきというシンガーソングライターのレコーディングにも参加している。一見、女みたいな名前だけど、高校在学中の72年にデビューした男性。「おばあちゃんお元気ですか」「ゆう子のグライダー」というシングルがちょっとヒットしたんだよ。73年にリリースされたファーストアルバムには、加藤ヒロシの紹介で、俺と金沢淳一がセットで関わっている。

いわゆるロックっぽい仕事の傍ら、俺は歌謡曲方面の仕事もこなしていた。

布施明さんが毎年恒例で行う日劇公演には、数年にわたってキーボード奏者として参加してたのよ。これもやっぱり、ナベプロの大里がらみで持ち込まれた案件。72年辺りから、3年ぐらい続けたんじゃないかな。

布施さんのバックには、すでに通常のフルバンドが付いているわけ。だけどその頃、それとは別に、エレキバンドやGS上がりの専属ギタリストをあつらえるという習慣が定着しつつあった。例えば、元ブルージーンズの岡本和雄さんとかね。布施さんの場合は、それが、元スウィング・ウエストの山本徹《とおる》さんだった。徹さんには優しくしてもらったな。

それと同様、もちろんフルバンドにはピアニストもいたけれど、日劇にはハモンドオルガンのB－3があったから、音をゴージャスにするため、それを弾けるやつを探そうということで、俺にも声がかかったんだ。

「布施明ショー」は、1日3公演が1週間続くという長丁場。同じことを繰り返すと飽きてくる。その時に、どうやってお客さんにバレないように悪ふざけをするか。そういう技はずいぶん教わったね。

「愛の園」（作詞・山上路夫／作曲・平尾昌晃）という曲に、〈ちょうどアダムとイヴのように〉という歌詞があるんだけど、布施さんは、この曲を歌うのに飽きてきた頃、〈ちょうど熱海と伊豆のように〉って歌ったんだよ（笑）。ものすごい真顔で熱唱してるんだけど、その後、ちょっと振り向いて俺らにウインクしたりする。

最後は決まって「My Way」の日本語カバーで、これがいいのよ。歌唱力は言わずもがな素晴らしいし、トークも含めたステージングも上手で、演奏しながらそれを観るのが本当に楽しかった。ロックとはまったく違う、ショービズならではの面白さを堪能したね。俺、あの手のナベプロっぽい独特の味わいがやっぱり好きなんだよね。

このショーには左とん平さんが毎年レギュラー出演しててさ。ある年は、ちょうど「とん平のヘイ・ユウ・ブルース」が大ヒットした直後で、1日3回1週間、「ヘイ・ユウ・ブルース」のバックを生でやれたのは本当に幸せだった。あれ、深町純さん編曲のゴージャスなソウルみたいな曲で、ハモンドが合うのよ。

おどりなさい！ 1973-75 ハルヲフォン結成 8

73年に、裕也さんの1815ロックンロールバンドを辞めた俺は、新しいバンドのメンバーを探し始めた。

当時、日比谷野音で毎週末のように行われていたロックコンサートに足を運び、いろんなバンドの演奏を観る中で、ひとりのドラマーが気になった。それが、ブラインド・バードというバンドの恒田義見《つねだよしみ》。

立教高校から日大芸術学部に進んだ恒田は、あの村八分に加入して京都で1年半ほど活動を続けた後、東京に戻って、モップスの弟バンドとして作られたブラインド・バードのメンバーになってたのよ。

恒田の記憶によれば、野音かどこかでわずかに面識を得たあいつと俺は、ある日、数寄屋橋にあった中古レコード店「ハンター」で偶然出くわしたらしい。その場で、俺のバンドへの参加を打診されたっていうよ。

ベースには、クリエイションの前身だったブルース・クリエイションにいた佐伯正志。ギターには、アマチュアながらクリエイションの周りをうろうろしてた松本恒男。そして、キーボードが俺。

この4人をオリジナルメンバーとして、「近田春夫&ハルヲフォン」を結成したんだ。

このバンド名は、高校時代の俺の妄想が元になっている。もちろん冗談半分だけど、将来、自分がレコード会社を興すことになったら、ハルヲフォンという社名を付けたいと思ってたの。ビートルズが最初に所属したレーベルである「パーロフォン」、それから、遠藤実が中心となって作ったレーベル「ミノルフォン」が由来だね。「ヲ」の表記は単にもっともらしいから。

父親に話したら、「ああ、それはいい名前だね」とほめてくれた。

ただ、その名前を知った時の恒田は、「村八分を抜けたと思ったら、今度はハルヲフォンか……」と、相当脱力したそうだよ（笑）。

このバンド名からは、俺がメインヴォーカルという印象を受けるだろうけど、必ずしもそうじゃない。ヴォーカルを担当する楽曲は、メンバーの間で分け合っていた。

GS初期のバンドは、ジャッキー吉川とブルー・コメッツとか、田辺昭知とスパイダースとか、責任者や窓口という意味で、バンマスの名前を前面に押し出すことが多かった。俺もそのマナーに則ったつもりなんだ。

ハルヲフォンとしての最初の仕事は、ゴジラの時からの枠が残っていたパイオニアの販促ツアー。すでに、後のアルバムに収録されるオリジナル楽曲も演奏してたね。第2部のフィルムコンサートのコメンテイターは、ゴジラ時代から引き続き音楽評論家の湯川れい子さんだった。

1回目のツアーが終わった後、佐伯のマー坊が抜けちゃったのよ。マー坊はいわゆるいじられキャラでさ、俺がライブ中に何度も鼻をかませたりしてたのが嫌だったのかもしれない。「自分が考えてたのと何か雰囲気が違うんで」と言い残して消えたんだ。

その後任として声をかけたのが、立教高校で恒田の後輩だった高木英一。当時は、ゲッセマネというプログレみたいなバンドにいて、ジェスロ・タルなんかをコピーしていた。ちなみに、ゲッセマネでドラムを叩いていたのが、後に原田真二や佐野元春のバックを務める古田たかしなんだよ。

俺と恒田が高木を呼び出したのは渋谷のビリヤード場。会った瞬間、『鉄腕アトム』に登場するタマオというキャラクターにそっくりだと思ったから、その後ずっと、彼のことを「タマオ」って呼び習わすことになった。

その直後、新編成のハルヲフォンは2度目となるパイオニアの販促ツアーに繰り出す。10カ所ぐらい、いろんな地方を回ったかな。それが終わってからは、しばらく仕事もなかったんだけど、まあ、全員実家住まいの身だったから何とかなったわけよ。

そうこうするうち、ハコバンでもやろうと思い立ち、銀座のディスコのオーディションを受けて合格するんだ。

その店の名は「シーザース・パレス」。銀座6丁目の交詢ビルディングという古い建物の地下にあった。今、そのビルは名前を変えずに建て替えられて、バーニーズ・ニューヨークなんかがテナントとして入っている。

ここは、ディスコというよりはマンモスバーという名前が似合うところだった。円形の大きなバーカウンターが3つぐらいあって、その真ん中にそれぞれバーテンがいてさ。ただ、そういう業態で生バンドが入ってて踊れてっていう店は、少なくとも銀座ではシーザースだけだったと思うんだ。客層としては、男はサラリーマン、女は銀座のデパートの店員が多かったな。

月曜から土曜まで出ずっぱりで、1回45分のステージを、休憩を挟んで都合5回繰り返すんだ。ハルヲフォンはかなりの人気だったよ。他のメンバーは、俺のMCが達者だったからだって言うけど、それ以上に、器用にいろんなリクエストに応えられたのが大きかったんじゃないかな。お客さんは「『○○』演奏してくれる?」じゃなくて、「『○○』かけてくれる?」って聞くんだ。ジュークボックス感覚なんだよね(笑)。

曲はほとんど洋楽のカバー。テンプテーションズの「Get Ready」、シュープリームスの「Stop! In The Name of Love」、MFSBの「ソウル・トレインのテーマ」、カール・ダグラスの「Kung Fu Fighting」、ドゥービー・ブラザーズの「Long Train Running」といったところをよく演ったね。

唯一の和物が、クック・ニック&チャッキーの「可愛い人よ」。あれ、振り付けがあるから、みんなで踊れて盛り上がるんだ。

当初の契約期間だった1カ月を務め上げると、次は新宿でハコバンをやることにした。

「パブラウンジロイヤル」というその店は、名前から想像できる通り、バニーガールがいる高級ラウンジでさ。俺たちもタキシードに身を包んで演奏してたわけ。

この時のメンバーは、ギターの松本を除く、俺と恒田と高木の3人。つまりピアノトリオだった。せっかくだから、場所に合わせてバンド名も変えてみたんだよ。「デューク柏淵《かしわぶち》とビブラトーンズ」ってね。場末っぽくて、ダサくって、いいじゃん。約10年後、この名前を再び引っ張り出して新しいバンドを結成することは想像してなかったけど(笑)。

それぞれ芸名も付けたんだよ。俺がデューク柏淵で、恒田が和巌洞銅弁《わごんぼらどうべん》、高木が玉亊《たまごと》喜《き》八郎《はちろう》。恒田が出られない時は、仲のよかった四人囃子の岡井大二に代わってもらったこともあったな。あいつ、そもそもドラマーだからベース弾けないんだけどさ。ただ、ベース持って突っ立ってるだけなんだよ(笑)。

シーザースとは打って変わって、演奏する曲はムーディーなものばっかり。ジャズのスタンダードも演ったし、ムードコーラスも披露したよ。内山田洋とクール・ファイブの「そして神戸」を俺が歌うこともあったな。

その後、歌舞伎町のディスコのハコバンもやった。名前は忘れちゃったけど、靖国通りから1本入った通りの角にあった店だと思う。ここにいたある晩、ギターの松本の都合が悪く、代わりに高木の知り合いだってやつに来てもらったことがあった。

当時、俺はステージでよく悪ふざけしてたのよ。いわゆるトラ、代役のミュージシャンが来た時、突然、ありもしない架空の曲名を言ってあわてさせるってやつ。

その日、俺が「次の曲は、「フィラデルフィアにゴミを捨てるな」！」って出鱈目なタイトルを叫んだら、そのトラのギタリストは、平気な顔していかにもそれらしいフレーズを弾き出したんだよ。馬鹿にしてるよな。そいつが、小林克己という男だった。

その場で、小林はハルヲフォンの正式メンバーになる。前任の松本はそもそもブルースロックが好きだったし、いろいろな曲を弾きこなさなきゃならないハコバンをやるには不器用で、つぶしが効かなかったんだ。

後になって知ったんだけど、小林は俺の慶應の3年後輩で、当時は「黒い河」というフォークグループの一員としてすでにレコードデビュー済だった。

小林の演奏能力には恐るべきものがあった。あまりにも他のギタリストの物真似が上手すぎるんで、何弾いても、聴いてるこっちは感動しないのよ（笑）。あいつこそ、「仏作って魂入れず」を意図的に極めたミュージシャンだよ。

このディスコでのハコバン用に、改めてメンバーの芸名を付け直したんだ。俺は、エドガー・ウィンターをもじった江戸川雲太《うんた》。恒田は、ミッチ・ライダーから採った美知雷多《みちらいた》。高木は、ジョン・エントウィッスルにちなんだ遠藤摺尾《するお》。そして小林は、北振竜《きたふりりゅう》。ギターをプリタツ、つまりたっぷりという意味だね。

横浜の馬車道にあった「ラタン」という古いナイトクラブでもハコバンをやった。ここでは、ストリップや手品の伴奏も経験したんだ。下積み時代の片岡鶴太郎さんもやってきたっけ。ああいう芸人さんというのは、バンドの人間に対してはすごく腰が低いのよ。だって、機嫌を損ねられると、演奏してくれないじゃん。そういう世界の機微をいろいろと勉強したね。この舞台で観たインチキな透視術をネタにしたコントは、レコードデビュー後のハルヲフォンのライブでそのままコピーして何度も披露したよ（笑）。

当時は、いろんな店のハコバンのオーディションを受けたね。

ハコバン業界全体を取り仕切る手配師みたいな人がいたのよ。おそらくその筋の人だったろうとは思うんだけど、そこから情報を得てオーディション会場に出向くと、有象無象のバンドが集まっているわけ。

彼らは、それまでの俺が知っていたロックの世界のバンドとは全然毛色が違った。全身から水商売の匂いを漂わせてるんだもん。あの頃の日本のロックバンドの人って、青くさいのよ。俺ら何かみんな、真面目に「ニューミュージック・マガジン」を熟読してるような感じでさ。俺らは遊び半分でやってたから、こっちの世界の方が馴染むと思ったね。

当時は「営業バンド」「制作バンド」という分類があったの。営業バンドは、生業としてハコに入って演奏するから金にはなる。対して、制作バンドはハコはやらない。自分たちの作品の力で世間を説得するという夢があるけど、金になるかどうかは分からない。

あまたある営業バンドの中で、群を抜く存在感を放っていたグループが「スリーチアーズ・アンド・コングラッツレーションズ」。

グッチ裕三と宮本典子をヴォーカルに擁し、ウガンダ・トラがドラムを叩いていたバンドでさ、ギターもふたりいて、とにかくショックを受けるほどに上手いのよ。でも、ハルヲフォンは、一度ぐらいオーディションで彼らに勝ったことがあるような気がするんだよな。


新宿や横浜で数カ月過ごした後、俺たちはシーザースに戻った。

ハルヲフォンがいなくなったら途端に客が減ったらしく、中島商事という運営会社から懇願されて復帰した形だね。そこからは契約期限もなしに、結局2年ぐらいかな、もうずーっと続けてやってたのよ。

ハコバンの何がいいって、楽器置きっぱなしで構わないから楽なんだ。それに、待遇もよかった。少なくとも、同年代の一般的なサラリーマンよりはだいぶいい給料もらってたんじゃないかな。

給料といえば、一度痛い思いをした。

当初、シーザースでは、全員分の給料を俺がまとめて受け取って、みんなに配分してたのよ。その年度末、生まれて初めて税金の申告をすることになって、うちの父親の実家がやってた会計事務所に相談したら、「この税金、全部あんたが支払うことになるんだからね」と怒られてさ。確かに、4人分の1年のギャラといったら、累進課税で相当な税金がかかる。税理を見てた叔母さんがディスコの経理にかけ合って、メンバーそれぞれに給料を支払った形の書類を出し直してもらって、ようやく事なきを得た。世間知らずだったたね。

そんなこともあって、ハコバン時代の途中からは、高木の同級生だった巻政義という男がマネージャーとしてつくことになった。やつは、今もニュー新橋ビルの1階にある巻時計店の息子なんだけどさ。

あの頃は、給料が出るたび、近くの楽器屋に行って新しい機材を買い足したもんだよ。ヤマハ、山野楽器、十字屋……、ヤマハの隣には、変わった楽器ばかり売っている「アンクル」って店もあったっけ。買ったばかりのアンプなんかを台車に乗せて、ゴロゴロと銀座の路上を転がしながらシーザースまで運び込むわけ。

ただ、本物のハモンドオルガンはまだ買えなかった。だって、純正のハモンドとレズリースピーカーを揃えると、当時のお金で250万円ぐらいしたからね。だから、ヤマハのオルガンと、同じくヤマハが出してた嘘のレズリーみたいなのを組み合わせて使ってた。それはそれで、なかなか味のある音が出たんだよね。

シーザースでのハルヲフォンはさらに評判が広まって、店の前に行列までできるようになった。店の側もちゃっかりしたもので、「ずっと演奏してると客の回転が悪いから、ちょっとやったらやめてくれる？」って頼まれた。

全盛期は、20分演奏したら1時間休むという具合。あんまり休憩時間が長いから、その間は店の前の舗道で缶蹴りやってたんだよ。あの辺り、確か当時は夜になると車が入って来れなかったからさ。本当に子どもだったよな。

そうこうするうち、大抵の店員よりもキャリアが長くなっちゃって、ハコバンの俺たちが店の主みたいになっちゃった。

もともとは小さかったステージをどんどん拡大させるわ、マーシャルのスピーカーを4台積み上げるわと勝手を通してさ。その結果、ＰＡのシステムが整っていない時代だったからメンバーにはドラムの音が聴こえなくなって、挙句の果てに、しょうがなく舞台の一番手前にドラムセットを据えるという異常事態を迎えたんだよ（笑）。

そして、あまりの轟音に業を煮やした恒田が、ドラマーを辞めてヴォーカルに注力するという名目でコンガとティンバレスを導入し、ドラムスは別人に任せることになった。

一時は旧知の金沢淳一が入ったんだけど、再結成されたゴールデン・カップスとの掛け持ちが難しくなってすぐに抜けちゃった。

次は俺や小林の慶應の後輩である長谷川康之というやつが入ってきた。長谷川は、Ｃｈａｒがいたバッド・シーンのドラマーだったんだよ。今はトレインっていうＰＲ会社のオーナー社長をやっている。

夜の11時にシーザースが閉店した後、俺は近くにある系列の絨毯バーでカクテルピアノを弾いていた。ジョージ・シアリングとかカーメン・キャバレロみたいなラウンジっぽいスタイルで、「枯葉」や「恋はフェニックス」をしれっと演奏するわけよ。店のジュークボックスから、当時ヒットしていた夏木マリの「絹の靴下」がよく流れていたことが印象に残ってる。

私生活では、ハコバンで暮らしていた74年に、俺は最初の結婚をしたんだった。相手は、今もスタイリストとして活動している近田まりこ。俺が23歳、向こうは21歳だったかな。

ふたりの初対面は、俺が「ａｎａｎ」で働いてた10代終わりの頃。中学中退してフラフラしてた彼女が、たまたま六本木の編集室に遊びに来ててさ。出会ったその日に、何か分かんないんだけど、俺が「婚約しましょうか」って言ったんだよ。まあ、本当にウマが合ったんだろうね。

その後2年ぐらい付き合ってたんだけど、ある日、彼女はお姉さんの住むパリに移り住んじゃった。テキスタイルの勉強って名目だったけど、まあ、素行不良を理由に、お母さんから島流しに遭ったようなもんだね。

そして、2年経って日本に帰ってきたタイミングで結婚したわけ。同棲という形じゃなくて正式に婚姻届を出したのはなぜかと言えば、自分の美学として、同棲ってのがフォークっぽくって嫌だったのよ。俺、風呂屋の前で待ち合わせしたこと一度もねえもん。小さな石鹸カタカタ鳴らしたことねえもん。

ここで俺は、生まれて初めて実家を出て暮らすことになった。場所は、渋谷区の東三丁目。恵比寿に近い辺りにあった、製麺所のビルの一室だった。

あの頃、彼女が川久保玲さんと仲よかったのよ。まだコム デ ギャルソンが、日比谷かどっかに一軒だけちっちゃいブティックを構えてたような時期ね。それで、川久保さんが一生懸命教習所に通って免許を取って、中古のカリーナに乗ってうちまで来たのを覚えてるよ。

実は川久保さんも、幼稚舎からの俺の先輩なんだ。幼稚舎が創立何周年だったかを記念してミニチュアの制帽を配布したんだけど、川久保さんがそれをもらい損ねたというから、俺が持ってたのをあげたことがある。

近田まりこからはかなり影響を受けた。それまでまともに本なんか読まなかった俺が、彼女から倉橋由美子の『聖少女』をすすめられて以来、いろいろと小説を読むようになったりとかさ。

彼女のお兄さんは映画青年で、荒井晴彦とかと仲がよかったんだよ。そのつながりで俺のところに持ち込まれたのが、若松孝二監督のピンク映画の劇伴という仕事。この脚本を書いてるのが荒井晴彦だったんだ。

その映画というのが、74年に公開された日活ロマンポルノ『濡れた賽ノ目』。俺は音楽担当として、「塚田みのる」という変名でクレジットされている。

ハルヲフォンのメンバーと一緒に、スクリーンに投影されるラッシュを観ながら、スタジオで音楽を付けていった。もちろん事前に曲は作っていったわけだけど、まあ、この手のBGMは、「ただ鳴ってればいい」みたいな場合も多いから、OKとNGの間のハードルがものすごく低かったりするんだ。

今は有名になった俺の周りのミュージシャンたちも、変名や匿名でこういう仕事をいっぱいやってたと思うよ。だって、ロックじゃ誰も食えなかった時代だもん。何かバイトしなきゃ暮らしていけない。映画の制作側からしても、低予算の仕事を気軽に引き受けてくれる若手のバンドマンはありがたい存在だったはず。需給がマッチしてたのよ。

しかし俺、出来上がった本編は観てないし、レコーディングの時にどんな場面を目にしたかもまったく覚えてない。この映画、もうフィルムも残ってないんだろうな。

この類の映画の仕事、そんなに数はこなしちゃいないけど、ハルヲフォン時代には他にもいくつかやったという記録があるんだ。

COME ON, LET'S GO　1975-77 レコードデビュー　9

ハコバンは楽しかったから、このままずーっとやっててもいいかとすら思うようになったんだけど、さすがに「やっぱりレコード出さないとな」という話になった。

その頃、加藤ヒロシさんを介して、キングレコードのディレクターと面識ができた。その井口良佐《りょうすけ》さんという人に「レコードを作りたいんですけど、聴いてもらえませんか？」って相談したところ、当初、色よい返事はもらえなかったのよ。

その後しばらく経って、井口さんが企画物の話を持ち込んできた。おもちゃメーカーのタカラ（現タカラトミー）が、60年代初頭に爆発的に流行したビニール製人形「ダッコちゃん」を復刻することになったから、ついては、そのキャンペーンソングを歌ってくれないかと言う。

ダッコちゃんは、黒人の子どもをデフォルメしたキャラクター。まあ、今の価値観で見れば差別的でNGな表現だと思うんだけどね。ということで、黒人と日本人のハーフの女の子がいるから、その子をリードヴォーカルにして、ソウルっぽい曲を作ってくれるならレコードをリリースしてあげるよという条件でさ。

そんな触れ込みで俺たちの前に現れたのが、六本木のディスコ「アフロレイキ」の看板歌手、キャロン・ホーガン。アフロヘアにファンキーな衣装で決めた長身の外見はソウルシスターそのものだったけど、実は生まれも育ちも浅草で日本語はペラペラ（笑）。

　彼女を紹介してくれたのは、同じ六本木にあったディスコ「ソウル・エンバシー」の店長で、発足したばかりの全国ディスコ協会という組織の会長も務めていたドン勝本こと勝本謙次さん。その関係で、ジャケットには「全国ディスコ協会推薦」という文言が記されてるし、裏面にはご丁寧にもイラスト付きで踊り方が解説されてる。

　75年5月にリリースされたシングル「FUNKYダッコ№1」は、近田、恒田、高木、小林、長谷川、キャロンの6人編成でレコーディングを行った。ここでの名義は、近田春夫という名前を頭につけず、ただの「ハルヲフォン」になっている。

　コモドアーズの「The Bump」という曲が流行った頃だったから、その要素を採り入れたんだ。作曲は俺、作詞は職業作家の石原信一《しんいち》という人が手がけている。

　シーザースの経営者が変わり、ハコバンの契約が切れたタイミングだったこともあり、ハルヲフォンは「FUNKYダッコ№1」のプロモーションを兼ねて、日本中のディスコを営業で駆け巡ることになった。

　そのために、機材車としてタカラから提供されたのが、バンド名をでかでかとペイントした日産ホーミーのバン。ハルヲフォンの解散まで、ほんとに重宝したよ。

名古屋のディスコでは、ハコバンとして1週間ほど演奏した記憶がある。そういった営業の合間に、地元のラジオ局なんかに呼ばれて番組に出たりもするわけ。

この6人のハルヲフォンでのライブは、映像が残ってる。今観ても、なかなかいいもんだよ。とても当時とは思えないぐらい「今」な感じなんだよ。レパートリーは、「FUNKYダッコNo.1」以外は全部洋楽のカバー。アレサ・フランクリンとか、リン・コリンズとか、キャロンが得意だったからね。

当時は、フェスみたいなイベントに出ても、周りはロックバンドばかりで、俺たちみたいなダンスバンドは皆無だったな。

あの頃の俺の髪形は、おかっぱ。ルーツはオックスの赤松愛だね。あと、堺正章さんも、おかっぱにしてた時期があったのよ。男がおかっぱって、ふざけてていいなと思ってさ。画家の藤田嗣治だってそうじゃん。

俺の髪の毛って、割と前向いて生えてんのよ。だから、伸びるまま放っとくとおかっぱになっちゃう。残念ながら、外国のロックスターみたいな髪形にはならないんだよ。

この年の8月、俺は一プレイヤーとして、裕也さんがプロデュースした「ワールド・ロック・フェスティバル」に参加している。ジェフ・ベックを目玉として、国内外のアーティストが顔を揃えたイベントだね。全国5都市を巡るツアーが組まれていたんだ。

俺が出演したのは、後楽園球場で行われた東京公演。ここでは、エリック・クラプトンが在籍したクリームのプロデューサーであり、マウンテンというバンドのベーシストでもあったフェリックス・パパラルディを中核とするバンドが特別に結成された。

バンドの名義は「フェリックス・パッパラルディ with ジョー」。現場では、確か「ワールド・ロック・フェスティバル・バンド」と呼ばれていた。メンバーは、ヴォーカルがジョー山中、バックを固めるのは、フェリックス・パパラルディ、クリエイションの竹田和夫と樋口晶之、四人囃子の森園勝敏、そして俺といった面々。

このツアーには、ニューヨーク・ドールズも招かれていた。

このフェスの開催に当たって、原宿セントラルアパートの中庭で記者会見が開かれた。その時、俺は、当時こぐれひでこさんがやってた「2C.V.《ドゥシヴォー》」というブランドの青いジャケットを着てたんだ。それを気に入ったドールズのメンバーが話しかけてきたことから、あっという間に俺は彼らと仲良くなったんだ。

話してみると、ルックスから受けるイメージとは違って、彼らはとにかく知的で紳士的なのよ。特に、ヴォーカルのデヴィッド・ヨハンセンとギターのシルヴェイン・シルヴェインとは意気投合して、在京中は、毎日のように俺が運転する車で東京を案内した。合羽橋とか築地とかに連れて行ったたっけ。

そんなある日、事件が起きた。ドールズが宿泊していた千鳥ヶ淵のフェヤーモントホテルのティールームで俺が彼らとお茶を飲んでいたら、そこに、明らかにその筋と思われる人間が集団で押しかけてきたのよ。

何でも、「ニューヨーク・ドールズのメンバーがうちの親分の娘に手を出した。どうしてくれるんだ」って話でさ。その場には呼び屋のスタッフもいなかったから、俺がドールズとヤクザの間で通訳を務める羽目になった。どうにも言い分が食い違うから、その足で警察にまで行ったんだよ。

この件、ドールズにとってはまったくの濡れ衣だった。その親分の娘が無断で外泊した言い訳として、自分がファンだったドールズのメンバーにナンパされたという嘘をでっち上げただけだったんだ。幸い、ドールズにはその晩のアリバイもあった。

俺、この時に、ニューヨーク・ドールズへの加入の誘いも受けたんだ。「お前みたいなロックンロールピアノを弾けるやつはなかなかいないから、ニューヨークで一緒に活動しないか」ってね。

ちょっと心は動いたけど、俺はハルヲフォンとして本格的にデビューを果たしたばかりだったから、日本で地に足を着けてやっていこうと思って、断っちゃったんだ。

「ワールド・ロック・フェスティバル」には、ジェフ・ベックも名を連ねていた。そのバンドでドラムを叩いていたのが、手練れとして知られるバーナード・パーディ。俺が出番を終えて引き上げる時、袖でずっと演奏を観ていた彼が、声をかけてきた。

「お前のその腕前なら本場でも十分通用するよ。もしもアメリカに来る機会があるなら、仕事を紹介するから連絡をくれないか」と言って、名刺をくれたんだよね。

その後も、デヴィッド・ヨハンセンとシルヴェイン・シルヴェインとの個人的な交流は続いた。俺がニューヨークに行った時には、いろんな場所に遊びに連れて行ってくれたもんだよ。楽しかったね。


「FUNKYダッコ№1」を録音してたのと同じ頃かな、キングの佐々木寛というディレクターから電話がかかってきた。

「今度、クールスっていうバンドがデビューすることになったんだけど、本人たちはまだ満足に演奏できないんで、近田君、レコーディング手伝ってくれない？」って言うんだ。

バイクチームから生まれたクールスの連中と俺は、その前から顔見知りだった。表参道に「グラス」っていう洋服屋があってさ、そこで、クールスのたちひろし（現・舘ひろし）や村山一海が働いてたんだよ。ちなみに、デザイナーのドン小西も同僚だった。あの店には、ジョー山中とか上月《こうづき》ジュンとか、フラワー・トラベリン・バンドのメンバーもよく出入りしてたんだよな。

ということで、75年9月に発売されたアルバム『クールスの世界〜黒のロックン・ロール』では、その全曲において、俺がアレンジを手がけ、ハルヲフォンが演奏を行っている。クールスのメンバーは基本的に歌っているだけで、演奏に参加しているのは、ジェームス藤木がちょっとギターを弾いた程度。クレジットとしては、クールス自らが演奏してる体裁になってるんだけど。まあ、よくあることよ。

名義上は、キャロルを解散したばかりのジョニー大倉がプロデューサーだった。でも、ジョニーはスタジオにはほとんど顔を見せなかったんだ。実質的には、俺がプロデューサーみたいなものだったね。

何しろクールスは素人同然のバンドだったんで、オリジナル曲が足りない。だから、俺が3曲ほど提供している。それが、村山一海の作詞した「グッドバイといわないで」、そして、俺が作詞作曲をともに手がけた「シンデレラ」「言えなかったんだ」。後者の2曲は、発表の当てもなくハルヲフォン用に書いていたものだったんだけど、クールスのヴァージョンの方が先に世に出ることになった。

話題性を優先して、矢沢永吉が五大洋光という変名で作曲し、たちひろしが歌った「紫のハイウェイ」がデビューシングルに選ばれたけど、今もライブで演奏され、ファンから親しまれているのは「シンデレラ」の方。それは作り手として素直にうれしいよね。

翌76年を迎え、ハルヲフォンはようやくアルバムを出せることになった。

ここに至るまではちょっとした紆余曲折があったんだ。「FUNKYダッコ№1」を歌ってもらうためメンバーに迎えていたキャロンが脱退し、パーカッションの恒田がドラムスに戻って長谷川が辞めた。小林も、いったん抜けてまた復帰したんだ。小林の留守中のライブでは、四人囃子の森園勝敏が代わりにギターを弾いてくれたこともあった。

ということで、俺、恒田、高木、小林の4人編成で、「近田春夫&ハルヲフォン」として本格的なデビューを果たすことになった。

「FUNKYダッコNo.1」の時はシングル1枚限りのワンショット契約だったけど、今度は年数だか枚数だかを単位にした条件で、キングとの間できちんと専属契約を結んだ。

それから、これまでフリーランスの立場でマネージャーを務めていた巻と一緒に、スナフキン・カンパニーという事務所にも所属したんだよ。スナフキンには、四人囃子や安全バンドがいた。もともと、四人囃子の岡井大二の兄貴が作った会社だったんだ。

6月には、先行シングル「シンデレラ」に続いて、ファーストアルバム『COME ON, LET'S GO』をリリースした。

当時の俺はT・レックスが好きだったから、その影響が如実に表れている。レコードという録音芸術においてしか表現できない人工的なサウンドのロックンロールをいかに作り上げるか。それがテーマだった。

じゃあ、このアルバムと、同時期の日本のロックバンドのレコードとの違いを挙げていきたいと思う。

まずは女声コーラスの多用。T・レックスの『Electric Warrior』、邦題で言うところの『電気の武者』は、デヴィッド・ボウイとの仕事でも知られるトニー・ヴィスコンティがプロデュースを行ったアルバムだけど、ここには、ものすごく気になる不穏な女声コーラスがちりばめられていた。

……と思いきや、俺が女性の声だとばかり信じ込んでいたコーラスは、元タートルズのハワード・カイランとマーク・ヴォルマン、つまり男の裏声だったんだよ。彼らは、フロー&エディというコンビ名で、フランク・ザッパ率いるマザーズ・オブ・インベンションにも参加している。

次に、クラップ。手拍子だね。2拍・4拍で入れるんじゃなくて、8分刻みでパッパッパッパッパッパッパッパッパッと叩く。70年頃に赤坂のディスコ「ムゲン」で観たアイク&ティナ・タ

近田春夫&ハルヲフォン
『COME ON, LET'S GO』
(1976)

ーナーのショーで、バンド全員がパッパッパッパッパッパッパッパッとやってたのが刺激的で、記憶に残っててさ。

　本当はもうひとつあって、生の弦を入れたかったのよ。トニー・ヴィスコンティのアレンジは、ストリングスが魅力的だったから。ただ、弦は人数が要るからお金がかかるじゃん。なのでそれはあきらめて、ソリーナっていう弦の音が出るキーボードで代用した。

　当時の日本のロックバンドって、大体がギター中心なんだよね。キーボード、特に生ピアノの入ってるバンドが少なかった。俺はもともとトラフィックにいた頃のスティーヴ・ウィンウッドからすごく影響を受けてたから、彼のような生ピアノを、人工的なロックンロールに採り入れたかったんだ。

　あとは、「まさかあの曲をパクってこういう曲にはしないだろう」という意外性ね。例えば「秘密のハイウェイ」は、バリー・ホワイトの「Never Never Gonna Give Ya Up」をロックンロール化したらどうなるかという発想から作られている。

「秘密のハイウェイ」に関しては、ムロタニ・ツネ象の『地獄くん』という漫画で、主人公が霊柩車に乗って高速道路を疾走していた絵がイメージの源になっているんだ。ラブロマンスの形態を取りながら、デヴィッド・クローネンバーグの映画やJ・G・バラードの小説がはらむ不気味さを表現したつもり。

　作曲について言えば、アラン・メリルに学んだ知識を具現化することも企んだ。例えば、不思議なところで変拍子が入ったりとかね。

詞も独自なものだったと思う。当時の日本語のロックには、都会的なモチーフを歌ったものがほとんどなかった。だからハルヲフォンでは、俺がずっと観察してきた東京の夜の遊び人の生態を皆様にご報告申し上げたいという気持ちが強かった。つまり、自分だけが透明人間になって、周りのみんなが遊んでるのを横で眺めてる感覚だね。

昔から、俺が歌いたいのはあくまでも客観的な景色。自分の体験を歌いたいわけじゃないんだよね。だって、「俺が俺が」っていう歌って面倒くさいじゃん。「はいはいはい」って聴き流したくなるよ。だから、俺の書く歌詞は、たとえ一人称であっても三人称の色が濃い。そう考えると、元来、俺の体質はヒップホップ的じゃないのかもね。

表題曲の「COME ON, LET'S GO」は、洋楽のカバー。オリジナルはリッチー・ヴァレンスだけど、俺たちはマッコイズのヴァージョンで演奏した。恒田に「変拍子が交じってて、アルバム全体を貫くテーマになり得るような曲って何かないかな?」って水を向けたら、この曲を提案してくれたんだ。あいつ、本当に洋楽に詳しいからさ。恒田は、俺の考えに対して、全然違う角度からアイデアをねじ込んでくるんだよ。

このアルバムをリリースするに当たっての宣伝コピーは「東京の夜をリードするロックンロールバンド」だった。

昔、日比谷の劇場街なんかで映画を観てると、予告編の前にいろいろと静止画の広告が流れたじゃない。そのうちのひとつに、あの辺りの焼肉屋だか喫茶店だか忘れたけど、「東京の夜をリードする」って書いてあってさ、これはすげえことだなと思って、そのまま採用した（笑）。

そうそう、一番大事なことを言い忘れてた。このアルバム、名義上のプロデューサーは当初、内田裕也さんになってたのよ。

ＬＰを出すこと黙ってると後になって怒られそうだし、一応、報告に行ったわけ。そしたら、「じゃあ俺がプロデュースしてやるから」と言われちゃってさ。こっちとしては、「ありがとうございます」と返すしかないじゃない。まあ、そう申し出てくれたこと自体はうれしかったんだけど……。

裕也さんがプロデューサーとしてやってくれたことといえば、ジャケットのイラストレーターを紹介してくれたことと、「近田春夫 お前こそ真のロックンローラーだ」という推薦コメントを寄せてくれたことだけ。しかし、金髪の外国人女性を描いたあのジャケット、誰を描いたのか、どういう意味があるのか、いまだに謎なんだよね。

裕也さんは、レコーディングの現場には一度も顔を出さなかった。正直言って、来られても困るんだけどさ（笑）。裕也さんはポップポップしたものが嫌いだから、実際のところハルヲフォンの音楽は趣味じゃなかったと思う。あの人、ブルースロックとか、カラフルじゃないものが好みだから。

結局、これじゃプロデューサーとは呼べないなということで、クレジット上は「プロモーション・ディレクター」に落ち着いたんだけど。

俺、内心では、このアルバムが大ヒットして、世界的なスターになっちゃうんじゃないかと予想してたのよ。ところが、セールスは1万枚いくかいかないかぐらい。期待してただけに、失望は大きかったね。

と言いつつ、「ちょっと早すぎたかな」ぐらいの楽観的な思いも抱いていた。音楽活動に関しては、ずーっとその気持ちを引きずりながら今に至るんだ。

当時、新人歌手がテレビに出演するためには、各局で行われるオーディションに合格する必要があった。ハルヲフォンも、NHKから民放まで、すべての局のオーディションを受けたんだよ。デビューが同期だったピンク・レディーとは、いろんなオーディションで一緒になったっけ。

ジャッジは意外に厳しくてさ、後に有名になった歌手でも落っこったりしていたんだけど、俺らは運よくすべてパスした。NHKのオーディションでは、藤山一郎さんに審査してもらったことを覚えてる。

TBSのオーディションでは、青柳脩《おさむ》さんという高名なプロデューサーに「演奏はひどいけど、お前のしゃべりは面白いな」といういいのか悪いのか分からない評価を受け、俺は、「ぎんざNOW!」という番組にレギュラー出演させてもらえることになった。

「ぎんざNOW!」は、銀座三越の別館にあった「銀座テレサ」というスタジオから、月曜から金曜の夕方に生放送を行っていた若者向け情報番組。メインの司会はせんだみつおで、当時は、清水健太郎やハンダース、ラビット関根(現・関根勤)が出ていたね。

毎週火曜日にアマチュアバンドのコンテストみたいなコーナーがあって、俺はその司会を任されたんだ。そこでコンビを組んだのが水野三紀さんという音楽評論家。

その後、俺と高校時代にバンドを組んでいた朝吹亮二と彼女が結婚したのには驚いたよ。だって、ふたりが付き合ってたことすら知らなかったから。

このコーナーに登場したバンドで印象に残っているのは、シャネルズ。その頃はやたらと大所帯で、とにかくギターの人が変てこりんでさ。バンド全体としてはシャ・ナ・ナの線を狙ってたと思うんだけど、そのギタリストのパフォーマンスだけは、フランク・ザッパのマザーズを彷彿とさせた。シャネルズが「ランナウェイ」でデビューした時には彼はもう抜けていて、あのストレンジな感覚は消え失せてたけどね。

TBSといえば、父の勤め先でもあった。父親は、現場から離れるのを嫌って管理職への昇進を断っていたんだ。それで、会社生活の晩年は、長らく会長秘書をやってたはず。55歳で定年を迎えた後は、60歳まで嘱託としてTBSに通い、その後はどこか別の会社に勤めたんだけど、あんまり合わなかったらしく、リタイアしちゃった。

TBSで仕事をすると、よく「近田さんの息子さんだね」と声をかけられたりした。青柳さん含め、そういう意味でかわいがってもらった部分もあったのかもしれない。

この年の12月には、セカンドシングル「恋のT.P.O.」をリリースした。「シンデレラ」の売上が芳しくなかったから、キングから、次はもうちょっとキャッチーなものをと望まれた。ディレクターの井口さんは企画物が好きなタイプだったから、その好みに応えようといろいろ考えたよ。

あわせて、「ぎんざNOW!」に今度はバンドとしてしばらく毎週出演し、生演奏を披露する手はずが整っていたから、そこで映える曲にしたいという思いもあった。

その頃ハルヲフォンは、メンバー全員が歌謡曲に夢中だった。

当時の妻がフランスにいた時、現地に住んでいたカメラマンの小暮徹さん夫妻と親しくなっていたんだけど、小暮さんは、日本から送られてきたカセットに録音されてた歌謡曲にハマっちゃったのよ。帰国後も、小暮邸を訪ねると一日中ガンガン歌謡曲が流れててさ。

その強力な影響をもろに受け、ハルヲフォンは、楽器車での移動中もカーステレオで郷ひろみや平山三紀といった歌謡曲ばかりを大音量で聴きまくっていた。

そんな最中、次のシングルについて話し合っていたから、「郷ひろみの「よろしく哀愁」風に始まって、サビからはクレージーキャッツの「ハイそれまでョ」みたいにロックンロールに一変し、最後はロニー&ザ・デイトナスの「G.T.O.」のメロディーで締めたら売れるんじゃないか」というアイデアが浮かんだんだ。今、改めてこうやって説明しても、どうかしてると思うんだけど。

歌詞は、安井かずみや有馬三恵子といった女性作詞家が書いた郷ひろみの初期の路線を狙ってみた。「よろしく哀愁」とか「わるい誘惑」とかの主人公って、一見優しい男に思えるんだけど、冷静に歌詞を追うと、自分のことしか考えない人間のクズみたいなやつなんだよ。女なんかみんな流して捨てちゃう感じでさ。それを郷ひろみがあの声で歌うギャップがたまらなくってさ。

「ぎんざNOW!」では、最初はビッグバンドのメンバーみたいに譜面台見ながらしおらしく演奏してるんだけど、サビに入ったらいきなりそれを蹴っ飛ばして暴れ出すというパフォーマンスを繰り広げた。与えられた時間が短いから、とにかく視聴者にインパクトを与えなくちゃならないと思ってさ。

DJのピストン西沢は、子どもの頃に何か別の番組でその演奏を観て「そこから人生が変わった」って言ってた。悪いことしちゃったよ(笑)。

この曲、イントロから前半にかけては、筒美京平っぽく仕上がったという自信があった。そしたら、歌謡曲の虜になっていた俺が、口を開けば京平さんの話ばかりするのを聞いたディレクターの井口さんが、ある日、京平さんを紹介してくれたんだ。井口さんは京平さんと同じ青山学院出身で、つながりがあったからね。

六本木にあった京平さんの家にお邪魔して、「恋のT.P.O.」を聴いてもらいながら、「これ、すごく京平さんっぽく作ったんですよ」って説明してさ。俺も馬鹿だったよな。変わってたよな。すると京平さん、ニコニコ笑って「面白いんじゃない?」と言ってくれた。まあ、向こうも返事に困るよね(笑)。

うっかり評価されちゃった話術に関しては、布施明さんに学んだところが大きいんだけど、もうひとり、ものすごく俺に影響を与えた人物がいるんだ。

それが、六本木にあったゲイバー「ミッキーマウス」のミキオさん。ゲイバーとはいっても、女装はしていない。カッコよかったんだよね。トニー谷とかを彷彿とさせる、どこかインチキくさい感じのハンサムでさ。もともとは、日劇の振付の先生だったらしいよ。

あの店のショータイムが最高でさ、例えば西城秀樹なんかの歌謡曲に合わせて当て振りするだけなんだけど、とにかくおっかしいのよ。なかでも、伊東ゆかりの「誰も知らない」が絶品だった。あそこであの曲に触れた経験も、京平さんを一段と好きになっちゃったひとつのきっかけだね。

メジャーデビューを果たした裏で、ハルヲフォンは相変わらず覆面的な形で企画盤に関わるという仕事も続けていた。

77年には、マイルド・メンソール＆シガレット・カンパニーと名乗って『GOODY GOODY OLDY MUSIC』というアルバムを発表している。バンド名に大して意味はない。その頃、恒田がよくハッカのタバコ吸ってたことに引っかけただけ。

これは、ブッカー・T＆ザ・MGズを忠実に模倣した演奏スタイルで、いかにもブッカー・T＆ザ・MGズが採り上げていそうだけど実は採り上げたことのない楽曲ばかりをカバーするというひねくれた企画。

ここで聴いてほしいのは、何よりも小林克己のギター。あいつ、MGズにはさして興味も思い入れもなくて、ほんの数曲しか聴いたことがないんだよ。なのに、スティーヴ・クロッパー本人にしか聴こえない演奏を披露しているんだから驚いてしまう。

スティーヴ・クロッパーのギターってテレキャスターなのよ。だから、あの南部っぽいペイッペイッという音が出る。なのに小林さんはさ、レスポールであの音出すんだよ（笑）。どう聴いてもテレキャスにしか思えない。本人は「簡単ですよ」って言ってたけど。

その少し前の76年秋には、グループサウンズをカバーした企画盤のレコーディングも行っている。ハルヲフォン以外に、神無月、オレンジ・ペコ、VSOP、清水誠が参加したオムニバスなんだけど、何が理由だったのかお蔵入りしちゃった。

94年になって、そのうちハルヲフォンの音源だけは『ハルヲフォン・メモリアル』という編集盤に収録された。ブルー・コメッツの「ブルー・シャトウ」、スパイダースの「ノー・ノー・ボーイ」、ジャガーズの「君に会いたい」などを演奏している。

マイルド・メンソール＆シガレット・カンパニー『GOODY GOODY OLDY MUSIC』(1977)

ロックン・ロール・マイ・ウェイ　1977-79 ハルヲフォン解散　10

本格的なデビューを果たして以降のハルヲフォンは、ディスコじゃなくてライブハウスが主な舞台となっていた。

渋谷の「屋根裏」、新宿の「ロフト」、上馬の「ガソリンアレイ」、三ノ輪の「モンド」、蕨《わらび》の「にんじん」なんてところでライブをやったのを覚えてる。

普通のロックバンドは決してやらない、悪ふざけみたいなことばっかりやってたよ。

例えば、俺がステージに登場すると、マイクスタンドに一枚の紙が貼り付けてある。そこには、メンバーが楽屋で唐突に思いついた台詞が書かれてるんだ。「カーペンターズに「雨の日と月曜日は」っていう曲があることはご存知でしょうか」とか、どう考えても俺が言いそうもない内容ばっかりでさ。俺はそれを神妙なトーンで読み上げながら、1曲目のタイトルと結びつけるためにどうやって辻褄を合わせようかと考えながらしゃべるわけ。後ろのメンバーたちは、下を向きながらクックックックッて笑いをこらえてるんだよ。

あとは、客いじりとか、やっぱり楽しいじゃんさ。しかも、同じネタをいろんなところで繰り返していくうちに、間とかを学んでどんどんうまくなっていくわけ。

　普通のバンドは、ライブの途中にこそそういう笑いの要素を盛り込んでも、最後は二枚目に決めて終わるじゃん。でも、俺らは宝塚みたいに三方礼して帰ってたからさ。メンバー全員、誰も嫌がらずにやってたってことは、体質が似てたんだろうね。

　その一方で、ハルヲフォンは、プライベートで一緒に遊ぶことが全然なかった。現地集合・現地解散が原則でさ、打ち上げすら一度もしたことがない。仕事は仕事として割り切る職人の意識があったんだよね。

　バンドマンというと「飲む・打つ・買う」というイメージがあるかもしれないけど、俺は「打つ」「買う」とは無縁。「飲む」に関しても、店に行って飲むのは好きじゃなくて、自販機なんかでビール買って、その辺のベンチに座って飲む方が性に合ってるんだ。別に人嫌いってわけじゃないけれど、夜の付き合いみたいなものにも関心はなかったな。


　77年8月には、近田春夫のソロ名義でシングル「ロキシーの夜」をリリースした。筒美京平風に作った「恋のT.P.O.」がまたもや売れなかったものだから、今度は本当に京平さんに頼むしかないなということになって、曲を書いてもらったの。

　あの曲では、俺は編曲にも演奏にも関わらず、シンガーに徹している。バックはハルヲフォンじゃなく、スタジオミュージシャンなんだ。島武《しまたけ》実《み》の書いた詞は女言葉だったから、やっぱり最初は恥ずかしかったね。

B面の「闇にジャックナイフ」は、どうしても俺の声とキーが合わなかったから、恒田に歌ってもらった。だから、B面は俺のソロじゃなく、ハルヲフォン名義になっている。その辺、適当だし、あんまり意味はないのよ。ただ客観的に見ると、俺のディスコグラフィーにおいて、なぜあそこにソロの楽曲が無計画に入ってるのかは謎かもしれないね。

「ロキシーの夜」の元ネタは、アトランタ・リズム・セクションの「So In to You」。俺、京平さんはすげえな、よくここからパクってくるよなって、昔から感心してたの。知り合ってからは、よく「あの曲の元ネタはあれですよね？」って本人に聞いて、答え合わせしてたもん。

これは80年代に入ってからの話になるけど、京平さんと仲良くなって、一緒に旅行に行く機会があったんだ。俺も京平さんも、当時発売されたばかりのウォークマンを持って来てたから、飛行機の中でお互いのカセットを交換したのよ。

それを聴いてみて驚いた。京平さんのカセットにはリアルタイムの洋楽のヒット曲が詰まっているんだけど、全曲、イントロから一番のサビまでしか入ってない。つまり、あくまでも資料と割り切って聴いてるんだね。筒美京平の秘密を知ってショックを受けたよ。やっぱりこの人は真のプロだな、俺なんか本当にアマチュアに過ぎないなと心底思い知らされたよ。

そして、翌9月には、ハルヲフォンのセカンドアルバム『ハルヲフォン・レコード』を発表する。

ここで一番意識したのは、エドガー・ウィンター・グループの『恐怖のショック療法（Shock Treatment)』というアルバム。同じバンドの『謎の発光物体（The Edgar Winter Group With Rick Derringer)』、エドガー・ウィンターのソロ『Jasmine Nightdreams』にも影響を受けた。

音楽理論的に考えると非常に高度で演奏も難しいんだけど、表面的には水商売っぽいくだらないものとして受け取られる、という点が尊敬に値する。本当にふざけてんなって。

エドガー・ウィンターの名前を前面に押し出しながら、あのバンドで肝になるのは、ベーシストのダン・ハートマン。エドガー・ウィンターの作る曲は何か粗削りで、耳に引っかかる変てこりんな曲といえば、みんなダン・ハートマンが手がけている。

あと、リック・デリンジャーのギターの魅力だよね。ハルヲフォンの小林に一番近いギタリ

近田春夫＆ハルヲフォン
『ハルヲフォン・レコード』
(1977)

ストは、リック・デリンジャーだと思うんだよ。あの達者さね。

リック・デリンジャーって、日本で言えば、ほとんどGS上がりみたいなもんじゃん。だって、ベンチャーズの曲名からバンド名を採った「マッコイズ」ってグループで10代から活動してたわけだから。

このアルバムは、俺のミュージシャン人生において本当に力を入れて作った何枚かのうちの一枚だったんだけど……ファーストトに輪をかけて売れなかったんだ。世の中、本当に分かってないなと思ったよ。その失望が、次のアルバムの制作スタンスにつながっていく。

『ハルヲフォン・レコード』に関しては、ジャケットに写る俺がパンク風のスタイリングだから、音楽性もパンクであるかのように勘違いされがちなんだけど、違うのよ。

収録曲は、すでにライブでのレパートリーとなっていたものばかり。その時点では、パンクというものは日本に伝わっていなかった。

このアルバムのレコーディングが終わった辺りかな、小暮徹さんが、「今、イギリスですごく流行ってる面白い音楽があるよ」と言って、パンクのレコードをロンドンから何枚かお土産に持ってきてくれたのよ。

やっぱり、一番の衝撃だったのがセックス・ピストルズ。際立って変で、画期的だった。それから、向こうの雑誌に載っていたジョニー・ロットンの格好にも驚いた。やっぱりピストルズは見てくれの魅力も大きい。他のグループには、それほどアピアランスに特徴がなかったじゃない？

その頃は、普通にロックっぽい長髪にしてたんだけど、ピストルズを見て「よし、髪の毛を切ろう」と決めた。その格好でジャケットに写ったら新しいだろうと思ってさ。あの写真は、小暮さんが撮影してる。そんなわけで、『ハルヲフォン・レコード』では、ビジュアルとサウンドの間に乖離があるんだ。

プラスチックスの中西俊夫も、同時に小暮さんからピストルズのレコードをもらって、案の定ハマってさ。あいつは特にひねることなく、引き裂いたTシャツを着たり、セディショナリーズのボンデージパンツを穿いたりしてたんだ。

でも俺は、ピストルズと同じそのまんまの格好するのは、それこそパンクの精神に反すると思ったから、自分なりのオリジナルな解釈を加えてみた。例えば、パンクではお決まりのアクセサリーとして安全ピンがあったけど、あれを洗濯バサミに替えてみるとかさ。

10月からは、「オールナイトニッポン」火曜第2部のパーソナリティに起用された。

「ぎんざNOW！」で一緒にコーナー司会を務めていた水野三紀さんが、「あの番組の2部の枠がひとつ空くんで、もしよかったらオーディション受けてみない？」と声をかけてくれたんだ。彼女は、ニッポン放送ともいろいろと付き合いがあったからね。

俺は郷ひろみにすごくハマってたじゃん。だから、ラジオの番組やるんだったら、もうガンガン郷ひろみかけちゃおうと思ってさ。オーディション用に本番さながらに録音したテープで郷ひろみについて熱く語っていたら、それが妙にウケたらしくて、オーディション通っちゃったのよ。ロックミュージシャンが歌謡曲を歌う男の子のアイドルに詳しいなんて、当時はありえなかったからね。

郷ひろみ特集を毎回やっていたら、スポーツ紙が大きく採り上げてくれて、俺の知名度が急に上がったんだよ。タレントとしての近田春夫をブレイクさせたのは「オールナイトニッポン」であることは間違いない。

はっきりと物を言うミュージシャンというパブリックイメージも、あの番組から生まれたと思う。だって、「この曲嫌いだからやめよう」なんて言ったり、ひどい時には「歌はいいんだけど、顔がひどいからやめよう」とか言って曲を途中で止めたりしてたから。今だったら問題になるよな。

とにかく、2時間にわたって、ひたすら歌謡曲をかけまくり、ハルヲフォンの高木さんと一緒に好き勝手しゃべりまくっていた。ひどい時には1回の放送で100曲ぐらいかけたから。

番組が始まるのは午前3時なのに、前の日の午後3時ぐらいから俺と高木さんのふたりでニッポン放送に行って、レコード資料室に入り浸ってたのよ。

あそこには、本当にカスみたいなレコードが、封も開けずに積み上げてあったんだ。「セックス」っていうタイトルのシングルとか、よくこれ本気で作ったなってのが山ほどあって、そんなのを見つけるとうれしくなっちゃってさ。まさに、今のＤＪが言うところの「掘る」っていう感覚だよね。

すでに知っていたヒット曲でも、聴き直してみると「これ、今さらながらにすごいよね」という再発見もあったりしてさ。


これまでの2枚のアルバムが全然世間から受け入れられなかったから、拗ねたわけじゃないけど、オリジナル曲を作るのが面倒くさくなっちゃってさ。当時、俺たちが凝っていたパンクと歌謡曲、そのふたつを合体させちゃえばいいんじゃないかと思いついたわけ。

ヒントになったのは、シド・ヴィシャスがカバーした「My Way」。あれを聴いて、どんな歌謡曲もセックス・ピストルズみたいにアレンジすれば簡単に演奏できることに気づいたの。それだけの話。

『ハルヲフォン・レコード』を出して以降、ライブにおける演奏スタイルは、完全にパンクへと移行していたんだ。

その頃、池袋西武の館内にオープンしたばかりの「シティ」というイベントスペースでよくライブをやっていて、そこでは、パンク風にアレンジした歌謡曲を演奏していた。これらが、後の『電撃的東京』の母体となる。あそこに収録されていない曲もよく演ったよ。例えば、橋幸夫の「あの娘と僕〜スイム・スイム・スイム」とかね。

そんなある日、テレビ朝日から、深夜番組でパンク特集をやるから出てくれないかとオファーがあった。確か「23時ショー」だったと思う。そこで、フォーリーブスの「ブルドッグ」のカバーを披露したこともあるんだよ。

ニッポン放送の何かの番組の公開録音でも、「ブルドッグ」を演奏した。その番組の司会のおりも政夫さんは元フォーリーブスだから、あれを聴いてずいぶん驚いたらしい。

その結果、78年6月にリリースされたサードアルバム『電撃的東京』は、ほぼ全曲が歌謡曲のカバーで占められることになった。

郷ひろみの「恋の弱味」、森進一の「東京物語」、山本リンダの「きりきり舞い」、平山三紀の「真夜中のエンジェル・ベイビー」、フォーリーブスの「ブルドッグ」……。どれ聴いてもアレンジは金太郎飴みたいに一緒だよ（笑）。

ピストルズを聴いていろいろと研究してさ。小林曰く「「Anarchy in the UK」の♪ジャンジャンジャンジャンジャンジャンジャンジャンっていうあのギターは、同じフレーズを5回以上かぶせてるに違いない、そうじゃなきゃあんな音にはならない」。だから、その通りにダビングした。

後になって、何かの雑誌でピストルズのプロデューサーだったクリス・トーマスのインタビューを読んだら、小林の推理は当たってたのよ。ところがピストルズの方が、ギター重ねた回数は多かった。こっちはまだまだだったよ。

小林は、この頃にはギターをレスポールからストラトキャスターに替えてたね。ハルヲフォンの後半は、トレモロアームが付いてる方が便利な曲が多かったから。

パンクと同時に歌謡曲にも夢中だったから、ベースに関しては、歌謡界の第一人者である江藤勲さんというスタジオミュージシャンのプレイを追求した。とにかく、わけが分かんなくてすごい音なのよ。アタックのところだけものすごくピシッというのに、後の部分はブオンッと鳴る。お麩に針を刺すみたいだから、俺たちは「オフハリベース」って呼んでた。結局、あの音に到達することは叶わなかったな。

このアルバム、もちろん音にはそれなりの自信があったものの、一種やっつけ仕事だったわけ。ところが、何をどう深読みしたのか、批評家筋から妙に褒められちゃったから、今さら何

近田春夫＆ハルヲフォン
『電撃的東京』（1978）

なんだと、また腹が立っちゃってさ。

セールスも、ハルヲフォンとしてはいい方だったんだけど、いかんせんカバー集だから作詞作曲の印税が入らなかった（笑）。

『電撃的東京』というタイトルがキャッチーだったとはよく言われるね。俺は当時、レッドチャイナになる前の香港によく遊びに行ってたのよ。あのおびただしい数の漢字の看板の渦がカッコいいなあと感じてさ。後付けで言えば、このタイトルは『ブレードランナー』的なセンスを先取りしてたと思う。

あとは、「東京」って言葉が好きだった。バンド名も、正式には「ハルヲフォン・トーキョー」のつもりだったから。外タレの楽器を運ぶコンテナに「DEEP PURPLE LONDON」とか、スタンプが押してあるじゃない。あれに憧れてさ。実際、『COME ON, LET'S GO』のジャケットには、「HARUOPHONE TOKYO」と記されている。

外国人の視点から見た東京を面白がるというコンセプトは、ペーター佐藤が手がけたジャケットのアートワークにも通底している。ペーターも小暮さんの友達でさ、すごい歌謡曲好きだったの。股旅者の格好して美空ひばりの歌を歌ったりしてたぐらい。

ちなみに、このアルバムで唯一のオリジナルが最後の「恋のT．P．O．」なんだけど、これ、発売済のシングルのヴァージョンとは違って、新しく録音してるのよ。大して商売にもならないバンドにもそんなこと許してくれたんだから、当時のレコード会社にはつくづく余裕があったって証拠だよね。

『電撃的東京』の発表後、ハルヲフォンとしての活動のペースはだんだん穏やかになり、自然に解散へと向かっていった。

俺は、あくまでも仕事の中心はバンドだと考えていたんだけど、やっぱりタレントの仕事が忙しくなると、音楽の方は疎かになってしまう。求心力も落ちるし、バンドとしてのエネルギーが減少してくるんだよね。

そして、恒田のドラミングが俺の考えとは合わなくなってきた。俺は、リズムマシンみたいに無機質で無感情なドラムを求めてたんだけど、恒田はチャーリー・ワッツみたいなグルーヴの持ち主で、もともとデジタルなタイプじゃない。そこで意見の相違が生じ、恒田はバンドを抜けたんだ。

その後は、サポートメンバーを入れてしばらく活動を続けた。植田芳暁のいたサーフ・ライダーズと合同で、ファンクラブのイベントとしてグアム島に行ってライブをやったりもした。あれが、高木さんが参加した最後のライブになったね。「俺もつまんないからやめる」って言われちゃってさ。

袂を分かったとはいえ、決して仲が悪くなったわけじゃない。俺自身、ハルヲフォンというバンドの形態に対し、どこか飽きてきた部分があった。これ以上続けても再生産を繰り返すだけじゃないかと薄々感じ始めていた。結局、情熱が薄れ、明くる79年にあいまいな形で解散することになった。

そんな風にバンド活動が尻すぼみになっていくのとは反比例するがごとく、皮肉なことに、副業だったはずのタレントとしての需要はどんどん高まるばかりだったんだ。

クレージー・ゲーム　1979-81 ソロデビュー　11

ハルヲフォンが79年初頭に解散した後、それまで所属していたスナフキン・カンパニーを抜けた俺は、近田春夫事務所を設立した。

旧知の大里洋吉が社長を務めていたアミューズに間借りする形だったけれど、法人としては独立していたんだ。ここには、スナフキンにいた堀上ヒロコさんという女性も一緒に移ってきてくれた。

ちなみに、ハルヲフォンのマネージャーだった巻政義が社長に就いていたスナフキンは、このしばらく後にC－C－Bを売り出し、一山当てることになる。

その頃、俺は5月にリリースされることになる初のソロアルバム『天然の美』の構想に着手していた。

コンセプトは、作詞・作曲・編曲のうち、自分はどれかひとつだけを担当するというもの。

俺は詞も書けるし曲も書けるしアレンジもできるんで、もう少し仕事の幅を広げていこうかと思ってさ。つまり、このアルバムが職業作家としての名刺代わりの役割を果たすことを狙ったわけ。

それに加え、このやり方だと、全部の作業を自分で抱え込むのと比べたら労力が3分の1で済むなという甘い目論見もあった。

そんなことを考え始める少し前、それまで面識のなかった細野晴臣さんと知り合ったんだ。何しろ、俺は内田裕也の一派にいたもんだから、はっぴいえんど側の人たちとはあんまり縁がなかったのよ。

「DON DON」という雑誌の対談で顔を合わせてみたら、お互い想像していたのとは違ってすごく話が合ってさ。「今、何やってるんですか?」と尋ねると、「コンピューターで音楽を作ってるんですよ」って。正直、その場では何言ってるのか意味がよくつかめなかったんだけど、「じゃあ、そのコンピューターとやらでアレンジをお願いできますか」と頼んだら、快くOKしてくれたのよ。

その対談の際に渡してくれたのかどうかは忘れたけど、『パシフィック』というLPがあって、俺、これにハマっちゃってさ。細野晴臣、山下達郎、鈴木茂が参加したインストゥルメンタルのオムニバスで、YMOの「コズミック・サーフィン」の原型が収録されてるんだ。これを、当時発売されたばかりのウォークマンで聴くとすごくよくってね。

コンピューター音楽の何たるかをその時点では理解していなかったんだけど、ジョルジオ・

モロダーは好んで聴いていたんだ。あくまでも、テクノポップというカテゴリーが生まれる前のミュンヘンディスコとしてね。後になってから、YMOとはつまりジョルジオ・モロダー＋寺内タケシとブルージーンズであることに気づいたんだけどさ。

そんな経緯があって、『天然の美』には、デビュー間もないイエロー・マジック・オーケストラがアレンジと演奏で4曲に参加している。

今考えればYMOが何曲もやってくれるなんてすごいことだけど、あの頃はまだ、ブレイクする前の地味な時期だったからね。俺、YMOが六本木の「ピットイン」でライブをやった時、司会を務めたこともあるんだ。

高橋幸宏は以前から知ってたのよ。立教高校では、ハルヲフォンの恒田の後輩で高木さんの同級生だったから。それに、幸宏のお兄さんの高橋信之さんは、俺にとって慶應の先輩だった

近田春夫
『天然の美』(1979)

し、成毛滋さんと一緒にフィンガーズというバンドを組んでいたしね。

教授こと坂本龍一はこれが初対面だった。気さくで朴訥で、いいやつだったよ。当時はまだ、後年のお洒落な印象なんかなかった。だって、友部正人のバックとかやってた頃は、腰から手ぬぐいぶら下げてたからね。

レコーディングはとにかく大変だった。機材が未熟だから、今だったら5分でできちゃうことが、3日ぐらいかかるわけ。8割方の作業は、コンピューターやシンセサイザーに関する準備やトラブル解消に費やされた。

プログラマーの松武秀樹さんがずーっといろいろいじってるから、しびれを切らして「そろそろですか?」って聞くと、「まだ音が出ないです」って言うんだもん(笑)。もう人間が演奏しちゃった方が早いからって、坂本が手弾きしたことがずいぶんあったよ。

しかも、当時のシーケンサーはメモリーが装備されてないから、電源切っちゃうとそれでおしまいなのよ。だから、一日の作業が終わってもスイッチを入れたままにしておいて、「立ち入り禁止」と書いたガムテープでスタジオのドアを封鎖していた。

待ち時間がひたすら長いから、細野さんとかはスタジオの横の喫茶店でインベーダーゲームばっかりやってたのを覚えてる。スタジオ代、ずいぶんかかっただろうな。

先行シングル「エレクトリック・ラブ・ストーリー」は、A・B面に同じ曲の別ヴァージョンが収められている。編曲は、A面がYMOで、B面が若草恵《けい》さん。どちらも『天然の美』に入ってるから、聴き比べてみると面白いと思う。

若草さんに関しては、加苗《かなえ》千恵の「東京チカチカ」という曲に衝撃を受け、仕事をお願いしてみた。「東京チカチカ」がいろんな要素を盛り込みすぎた変な曲だったんで、これはふざけた人に違いないと思って会ってみたら、普通に折り目正しい人でさ。あの編曲は、大真面目にやってたことが判明した（笑）。

それで、「可能な限りくどいアレンジにしてください」と頼んだら、真っ正面からこちらの意を汲んで、本気で手間のかかった、音数の多い曲に仕上げてくれた。さすがにあのスコアは、本物のプロじゃなきゃ書けないよ。俺、いまだに心からすげえと思うもん。

「エレクトリック・ラブ・ストーリー」では、俺は作曲のみを手がけ、作詞は漫画家の楳図かずおさんにお願いしている。

楳図さんとの縁が生まれたきっかけは、「少年サンデー」に連載されていた『まことちゃん』。あの漫画を読むと、主人公一家がテレビを観ているシーンで、ブラウン管にイルカとクールスとハルヲフォンの演奏シーンがよく映し出されるのよ。この3組が好きって、バランスがどうもおかしいじゃん（笑）。

すごく気になったから、ハルヲフォンが杉並公会堂で最初のワンマンコンサートをする時に、楳図さんにゲストに出てもらったんだ。楳図さんは「ビチグソロック」なんて曲も発表して、歌手活動も行っていたからね。その時、もうひとりのゲストに裕也さんを呼んだら、あの人が

「てめえ、素人みてえな漫画家と俺とが同じステージに出るのかよ」って怒っちゃってさ。まあ、例によってそれは何とかなだめたんだけど。それからしばらくは、学園祭で共演したりと、楳図さんとご一緒する機会が多かった。

最初に楳図さんの作詞家としての才能に驚かされたのは、75年に発表された『闇のアルバム』を聴いた時のこと。全編、作詞・作曲・歌唱は楳図さん本人で、その世界は、まるでデヴィッド・ボウイが歌うような虚無感に覆われている。

その次の年、またもや楳図さんの詞にうならされたのが、郷ひろみの「寒い夜明け」。これってつまり、ナンパか何かして引っかけた女の子と円山町辺りのラブホテルに泊まった後に、渋谷駅まで彼女と歩いてそのまま一夜限りの関係で別れちゃう翌朝の情景を、男の視線から都合よく奇麗事として描いている。この絶望感ったらたまらないのよ。よくこんなつらい世界を描けるなと思うよ。

だから、自分がソロを作る時は、絶対に楳図さんに歌詞を書いてもらいたいと考えていた。「エレクトリック・ラブ・ストーリー」は曲が先にできた。何の意味もない曲名はあらかじめ俺が決めていたんだけど、それにぴったりの素晴らしい歌詞をはめてくれた。自分の確信は間違ってなかったと思ったよ。

このアルバムには、歌謡界を代表する数多くの職業作家が参加している。作詞には竜真知子さん、山口洋子さん、作曲には筒美京平さん、宇崎竜童さん、加瀬邦彦さん、井上忠夫さん……。俺自身が指名したんだけど、みんな二つ返事で引き受けてもらえたから光栄だったね。

編曲は、ＹＭＯと若草さんと俺とで分け合った。俺のアレンジした楽曲では、林立夫とか後藤次利とか、昔からの知り合いのスタジオミュージシャンに演奏してもらった。

『天然の美』というタイトルには、逆説的な意味が込められている。もともとは、サーカスやチンドン屋のＢＧＭによく使われる曲の名前なんだ。別名を「美しき天然」とも言う。でも、なぜかメロディーは短調で悲しげで貧乏くさくて、この曲名に似つかわしくない。そこがずっと引っかかっててさ。

そもそも、「天然」という言葉がいかがわしいよね。「天然」と「自然」って、英訳すれば同じ「ナチュラル」なのに、ニュアンスが異なるじゃん。例えば、昔の映画用語だけど、「総天然色」と言われると、言葉の本来の意味とは裏腹に、非常にアーティフィシャルな、昔の中国の人工着色写真みたいな印象を受ける。その二律背反性に惹かれたんだ。

さて、『天然の美』を聴いたレコード会社のディレクターたちから、俺に作詞や作曲、編曲のオファーが押し寄せるようになったかというと、別段そんなことはなくてさ。しかも、レコード評を読んでも、アルバムのコンセプトを理解してくれるものは皆無だった。残念ながら、誰もそこには興味がなかったんだよな……。

9月には、資生堂の女性用シャンプー「レディバスボンン」のＣＭソングに起用された「ああ、レディハリケーン」がシングルとしてリリースされることになった。

作詞は、「エレクトリック・ラブ・ストーリー」に引き続き楳図さん。作曲は俺。編曲はまたYMOに頼もうと思ったんだけど、人気が急上昇したYMOは多忙を極めていてさ、俺が気軽にアレンジを依頼できる状況ではなくなっていたんだ。

ということで、キングの井口さんと懇意にしていた矢野誠さんに「ひとつYMOっぽくアレンジしてください」とお願いすることになった。意図的にイモっぽく、歌謡曲っぽくしてほしいという俺のアイデアを、矢野さんは全面的に面白がって受け入れてくれて、ああいう風に仕上がったんだ。


その頃、俺はとあるバンドのプロデュースを行うことになった。それが、巻上公一率いるところのヒカシュー。

マネージャーの堀上さんは、アンダーグラウンドな演劇関係の知り合いが多い人だったんだけど、ある日、「友達のバンドで面白いのがいるんですけど、ちょっと聴いてもらえません?」って、デモテープを持ってきたのよ。そこには、クラフトワークの「モデル」の日本語カバーが入っていたし、オリジナルに関しても、「20世紀の終わりに」とか「プヨプヨ」とか、面白い曲ばかりが収められていた。

早速、その頃仲のよかった東芝EMIの石坂敬一さんに連絡してそれを聴かせたら、「いいね。やろう」って、一発で決まっちゃった。ちなみにヒカシューというグループ名は、漢字にすると「悲歌集」。武満徹の作品名が由来となってるんだよ。

そして、俺がプロデューサーということになったわけだけど、当時はタレントも兼業してて忙しかったから、レコーディング現場にはたまに顔を出すだけだった。まあ、ハルヲフォンにおける裕也さんのプロデュースぶりを真似したんだね（笑）。

その代わり、アルバムジャケットのコンセプトやステージ衣装に関しては、いろいろと知恵をひねり出したよ。

少し前にデビューしていたプラスチックスは、ある意味ヒカシューに近い音楽性でありながら、ヴィヴィアン・ウエストウッドみたいな世界を体現してたじゃん。ところが、ヒカシューのメンバーは、もうお洒落自体が似合わないわけ。

だから、それを逆手に取って、東京オリンピックの日本選手団のユニフォームを着せちゃおうって。当時は衣装を揃えていたバンドなんかなかったから、メンバーも面白がってくれたんだ。YMOの『ソリッド・ステイト・サヴァイヴァー』のジャケットに対抗しようという心意気もあったかもしれない。

そんなわけで、80年2月にリリースされたデビューアルバム『ヒカシュー』では、メンバー全員が赤いブレザーと白いスラックスに身を包んでいる。あのレコード、そこそこ売れたんだよね。

『天然の美』で世間の手応えをつかむことができなかった俺は、改めてバンドを組みたいと思い立ち、その直後に「近田春夫&BEEF」というグループを結成する。

メンバーは、まず、和製ランナウェイズみたいなガールズというバンドで活動していた奥野敦子ことイリア。こんな美人のギタリストがいたら映えるなと思って実際にギターを弾かせてみたら、すごいいい音でさ、即決。そして、かつて東京スタイルズっていう高校生バンドのメンバーだった沖山優司をベースに、高木利夫をドラムスに迎えた。

このバンドとしての最初の仕事は、ピーターが銀座の博品館劇場で行う公演のバックだった。いわゆる歌謡ショーだから、ヒットパレードの一環としてバリー・マニロウの「コパカバーナ」を演奏する必要が生じてさ。となると、4人だけの編成では務まらない。

ということで、四人囃子のキーボーディストだった茂木由多加、野毛ハーレムバンドを率いる傍ら桑名正博のバックバンドなどでもパーカッションを叩いていたNOGERA、あいざき進也のバックでギターを弾いていた柴矢俊彦をBEEFに引き込んだ。

そして俺は、キングからコロムビアに移籍した上で、新たにBEEFとしての活動を始めようと思ったんだ。まあ、パチンコ屋の新装開店みたいなものだね。実は、キングと近田春夫のカラーはちょっと合ってないいんじゃないかという周囲の勧めもあってね。

ところが、目の前にひとつ、問題が横たわっていた。俺はキングとの契約期間満了を待たずにコロムビアに移ったんだけど、そういう場合は会社間に紳士協定があって、移籍後半年間は新しい所属先からレコードが出せないことになってたんだよ。

「じゃあ、とりあえずバックのメンバーだけを使ってレコード出して、その後でバンドを組み直してデビューすればいいじゃん」と言い出したのが、コロムビアの担当ディレクターだった三野《みの》明洋さん。

この人、たまたま慶應の出身で年上だったんで、ディレクターとアーティストっていう関係じゃなく、先輩と後輩みたいな間柄になっちゃってさ（笑）。移籍後のあれこれは、たいがい三野さんが決定するようになっていくんだ。ちなみに三野さんは後年、ＪＡＳＲＡＣの独占市場に風穴を開ける形で、イーライセンス（現・NexTone）という著作権管理会社を設立することになる。

それで、イリア、沖山、高木、柴矢の４人が「ジューシィ・フルーツ」を名乗って一足先にデビューすることが決まった。

ＢＥＥＦもジューシィ・フルーツも、バンド名はブライアン・デ・パルマ監督のミュージカル映画『ファントム・オブ・パラダイス』の登場人物から採っている。ＢＥＥＦは太ったゲイのシンガーの名前、ジューシィ・フルーツはロックンロールバンドの名前なんだ。

この映画、75年に日本で封切りされた当時はまったくヒットせず、あっという間に公開が終わったんだよ。数年経ってからカルト化して、『ロッキー・ホラー・ショー』『ヤング・フランケンシュタイン』との3本立てで、よくオールナイトで上映されるようになった。俺は、大久保の映画館で観た覚えがある。自分はさほどたくさんの映画を観るタイプじゃないんだけど、『ファントム・オブ・パラダイス』は心に残る一本だね。

俺は、ジューシィにはプロデューサーの立場で関わることになり、ヴォーカルには、急遽イリアさんを立てることになった。彼女、前のバンドの時は歌ってなかったのよ。つまり、ジェネシスにおけるフィル・コリンズみたいなもん。彼は、ピーター・ガブリエルが抜けたんで仕方なく歌い出したわけじゃん。

そんなわけで、俺はイリアさんが歌うのを聴いたことがないままデビューシングルの「ジェニーはご機嫌ななめ」(作詞・沖山優司/作曲・近田春夫)を書いちゃったから、彼女がいざ歌おうとしたらキーが高すぎた。これからカラオケ作り直すのも大変だなと思って、地声じゃなくファルセットで歌ってもらったんだ。ずいぶん杜撰な話だよ(笑)。だからジューシィには、ファルセットの曲ってあれしかない。

「ジェニーはご機嫌ななめ」には元ネタがいっぱいある。まずはブロンディの「One Way or Another」。〈ゲチャゲチャ〉〈ミチャミチャ〉と聴こえるところを〈イチャイチャ〉に引用している。そして、シンセのリフはT・レックスの「Telegram Sam」のギターのリフを移し替えている。サビの〈抱き合って眠るの〉というメロディーは、沢田研二の「恋のバッド・チューニング」から。そして、間奏のツインギターは、エアプレイのジェイ・グレイドンがひとり

近田春夫
『星くず兄弟の伝説』(1980)

でギターを被せるあの感じを表現してみた。当時、ジェイ・グレイドンがプロデュースしたマンハッタン・トランスファーの「Twilight Zone/Twilight Tone」っていう曲がすごく好きでさ、BEEFのライブでもカバーしてたんだ。

だから、「ジェニーはご機嫌ななめ」はしばしばテクノポップみたいに言われたけど、テクノでも何でもないわけよ。実際は、オールディーズにちょっとフュージョンを混ぜただけなんだよ。

あの曲が思いがけずヒットしたもんだから、ジューシィはそのまま続けていくことになり、BEEFの構想は頓挫しちゃったんだ。

80年10月に、俺は2枚目のソロアルバム『星くず兄弟の伝説』をリリースする。

「星くず」というタイトル、そしてロックスターのライズ&フォールを描いた表題曲の歌詞から、デヴィッド・ボウイの『ジギー・スターダスト』を引き合いに出されることが多いんだけど、まったく関係ない。

山城新伍さんが「金曜10時!うわさのチャンネル!!」というテレビ番組で「俺なんかスターじゃない。スターのくずだ!」ってよく自虐的に言ってたのよ。それがおかしくてさ。確かにあの人、ヒットした主演作が「白馬童子」しかないじゃない。

あの番組では、デビューしたばかりのピンク・レディーが「ペッパー警部」を歌ってるのも観た。当時は、今ほどアイドルの人気が長持ちしなかったのよ。

そういったイメージを何となく脳内でミックスして、架空の映画のサウンドトラックとして作り上げたのが『星くず兄弟の伝説』だった。とはいえ、具体的なストーリーは考えちゃいなかったんだけどさ。その発想の根底には『ファントム・オブ・パラダイス』の存在があったことは確か。

このアルバムでは、全面的にフィルムスの赤城忠治とコラボレーションを行った。タイトル曲を含む4曲は忠治が単独で作曲し、そこに俺が詞をのせている。

フィルムスの前のVAT69というバンドの時から、こいつは才能があるなと目をつけていて、ハルヲフォンの前座に出てもらったこともある。VAT69のライブでは、キッスみたいなメイクで「狼少年ケン」をカバーしてたのを覚えてる。フィルムスは、チューブスから影響を受けたとおぼしき独特なポップ感覚が面白かった。

女性週刊誌の表紙を模したジャケットは、ヒカシューの友達だった岩本エスオってやつがデザインしている。あそこに並べられた見出しはアルバムの内容とは何の関係もないし、そもそも言葉として何の意味もなしていないんだよね。

演奏しているのは、ベースは高木さんで、ドラムスはウガンダ・トラの弟の佐藤昭二。俺が、佐藤省エネって芸名をつけたんだ。ギターは誰だったっけ。高木さんの知り合いだったのかな。

『星くず兄弟の伝説』は、発売に先立つ10月初頭から公開された映画『ニッポン警視庁の恥と言われた二人 刑事珍道中』のサントラに流用された。あのアルバムの収録曲のインストゥルメンタルのヴァージョンを、俺がシンセで弾いてるんだ。

この映画と俺のアルバムは、内容的には何の関連性もないのよ。ただ、主演の中村雅俊が歌手としてはコロムビアに所属していて、担当ディレクターも俺と一緒だったから、その三野さんが「何でもいいからタイアップしとけば当たるかもしれないから、やろう」っていう軽いノリで持ってきた仕事なんだ。

まあ、予想していた通り映画はヒットすることもなく、俺がそのおこぼれに与ることもなかったんだけど。

翌81年の元日には、俺が作詞作曲を手がけたザ・ぼんちの「恋のぼんちシート」(作詞・作曲／近田春夫)がリリースされ、80万枚の大ヒットを記録した。……と同時に、盗作をめぐる騒動でも世間を賑わせることになった。

このレコードに関わったきっかけは、とある知り合いの結婚式。そこで、以前から面識のあったフォーライフの中村辰彦というディレクターと隣り合わせたんだ。その場で、「ザ・ぼんちという漫才コンビのシングルを作ることになったんだけど、近田君、曲書いてくれない?」と頼まれたから、「いいよ」と簡単に引き受けた。

相当お気楽な仕事だったよ。その少し前、俺はジューシィ・フルーツの「恋はベンチシート」という曲の作詞をしてたから、そのタイトルをもじっておこうかぐらいの気持ちだった。だから、元ネタを知らないリスナーにとってはまったく意味不明な曲名になっている。

当時、漫才ブームは空前の盛り上がりを呈していたけれど、俺自身はそんなに詳しくなかったのよ。ザ・ぼんちに関して持っていた知識といえば、「アフタヌーンショー」の事件レポートにおける川崎敬三と山本耕一の物真似を得意ネタとしていたことぐらい。

それで、「そうなんですよ、川崎さん」「ちょっと待ってください、山本さん」というセリフの掛け合いを、ブルースなんかで昔からよく耳にする冒頭のつかみのパターンに乗せてみようと考えたわけ。あまたあるその用例の中で最も有名な楽曲は、エルヴィス・プレスリーの「Trouble」だろうね。

「恋のぼんちシート」はムーンライダーズの鈴木慶一がアレンジすることになっていた。慶一にデモテープを託す時、俺は参考資料として、ダーツの「Daddy Cool」が入ってるアルバムを渡したのよ。ダーツもあのお決まりの導入を踏襲していたから、一応聴いといてぐらいの意味でね。

しばらくしたら、ここまでベタでいくのかと思うぐらい、ダーツそのまんまのアレンジが仕上がってきた。自分としては、もうちょっとひねってほしかったんだけどさ（笑）。まあ、プロデューサーとしてそれにOKを出した俺も悪かった。

発売後、「恋のぼんちシート」と「Daddy Cool」が似ているんじゃないかと一部で物議を醸し、ある日、ビートたけしが「オールナイトニッポン」で2曲を続けてかけ、これはパクリだと断じたわけよ。

でも、あれは剽窃とは違うじゃん。ブルースとかロックンロールとかって、先人の築き上げたフォーマットを引き継ぐことで発展してきたわけだから。そんなこと言ったら、「Daddy Cool」自体、「Trouble」の盗用ということになるよ。

ただ、そんな理屈を芸能マスコミ相手に説明してもちゃんと理解されないことは分かっていたし、長引くと面倒なことになるなとも予想していたから、ここは早めに鎮火した方がいいと思って、「はいはい、パクリですよ」ってあっさり認めちゃったわけ。

すると向こうは、振り上げた拳のやり場に困って、この話題は曖昧に終息しちゃった。そもそも、メロディーだけを照らし合わせたらどこをとっても似ちゃいないわけだから、たとえ法廷に引っ張り出されたとしても負けはしないという自信はあった。

しかし、何十年も経ってから、鈴木慶一はあの騒ぎの時の因縁の相手だった北野武の映画の音楽を何本も担当してる。正直、そこに関しては、どうなのよと突っ込みたくもなるんだけどさ（笑）。

その後、機会に恵まれて、当のダーツのメンバーたちに「恋のぼんちシート」を聴かせてみたら、「全然問題ない」っていう答えが返ってきたのよ。

じゃあ、今度は近田春夫がダーツに曲を提供したらいいオチがつくんじゃないかということになり、俺が単身ロンドンまで足を運んで、「シュラシュシュ天国」というシングルをプロデュースしたんだ。これ、なかなか気の利いた話だと思わない？（笑）

ちなみに、ダーツのレコーディングが終わった後、ロンドンのクラブ巡りしてたら、ちょうどプラスチックスがライブやってるところに出くわした。それがカッコよくてさ、現地の客にすごくウケてたのを覚えてる。

「ぼんちシート」の2カ月後にリリースされた2枚目のシングル「ラヂオ～New Music に耳を塞いで～」も俺が詞と曲を提供した。ニューミュージックばっかりかかるラジオの深夜放送をおちょくった内容だね。5月に出たアルバム『BONCHI CLUB』は、俺がプロデューサーを務めている。

振り返ってみれば、一大ブームに乗じて無闇に乱発された漫才師のレコードのうち、ヒットと呼べるほどの数字を残したのは、「ぼんちシート」ぐらいだったんだよ。

この辺から、歌謡曲の職業作家としての仕事が増えてくる。ジューシィ・フルーツのヒットが評価されたゆえのことだと思う。

80年の夏には、トシちゃんこと田原俊彦のデビューアルバム『田原俊彦』収録の2曲において作詞・作曲・編曲を行っている。ここには、「田原と近田春夫のパンク・ジョーク」というおしゃべりも収められているんだ。

ただ、トシちゃんがブレイクする直前のこの時期はジャニーズの低迷期だったから、売れっ子の作家が仕事を引き受けてくれなかったんじゃないかと邪推してるんだよ。だって、打ち合わせのため、ジャニーさんとメリーさん本人がわざわざ俺ごときの作業してるスタジオまで来たんだから。どれだけあの事務所が停滞してたか分かるでしょ（笑）。

「ぼんちシート」みたいないわゆるノベルティソングなら、それまでにも書き下ろした経験はあった。80年にもずうとるびのシングル「ウッカリＢＯＹ　チャッカリＧＩＲＬ」を作詞・作曲しているしね。

そうじゃない二の線のタイプの楽曲をシングルとして提供した最初のケースが、おそらく柏原よしえ（現・芳恵）の「乙女心何色？」かな。

81年に発表されたこの曲は彼女にとって4枚目のシングル。それまでの3枚はずっと阿久悠さんが詞を書いてたんだけど今ひとつセールスが伸びなかったから、ちょっと変わったやつに頼もうということで、俺に話が来たのかもしれない。詞と曲を俺が書いて、アレンジは後藤次利が担当した。

作家仕事の中で、特殊なケースだったのが山下久美子の「とりあえずニューヨーク」。同年リリースのこのシングル、作曲が筒美京平さんで、作詞と編曲が俺なのよ。作詞と編曲が同一人物で作曲だけは別人って、どう考えてもクレジットとして尋常じゃないじゃん（笑）。『天然の美』によるプレゼンテーションの唯一の成果かもしれない。

12　T.V.エンジェル　1975-81 タレントになる

ハルヲフォンやソロとしての本業と並行して、俺は手広くいろいろな活動を行ってきた。今となっては、その全貌は自分でも把握しきれないほどなんだけど、何とか記憶している限りの範囲でまとめておきたい。

75年からは、「谷啓とスーパーマーケット」というバンドにキーボード奏者として参加した。子どもの頃から谷啓さんのファンだったものだから、一も二もなくその話に飛びついたよ。まずは、民音が主催するツアーに一通りついていったの。その後は、日本テレビの「おはよう！こどもショー」ののど自慢コーナーのバックバンドを務めた。素人の子どもの歌の伴奏を谷啓さんの生バンドがやるって、よく考えると贅沢な話だよね（笑）。それからTBSの「笑って！笑って!!60分」には、毎週スーパーマーケットが生演奏を披露するコーナーがあった。この番組は、伊東四朗さんと小松政夫さんがメインだった。

スーパーマーケットは、日劇で行われた「'76小柳ルミ子★アグネス・チャン　ハッピー　ニ

ユー イヤー ショー」にも出演している。そこで俺、アグネス・チャンと「昭和枯れすゝき」をデュエットしたんだよ。おそらく、お客さんはみんな、こいつ誰なんだろうなあと思ってポカンとしただろうけど。

ちなみに、スーパーマーケットへの加入に当たって声をかけてくれたのは、このバンドのドラマーだった植田芳暁さん。ワイルドワンズのメンバーだった時代から、彼は自分のバックで演奏していた俺のことを買ってくれていた。そして俺の方は、彼の人間性から多大なる影響を受けているんだ。

彼の本名は大串安広という。じゃあ、植田芳暁という芸名はどこから来たのかといえば、高校時代の出席簿で自分のひとつ前だった同級生の名前。名前ってものを何だと思ってるのかって話だよ（笑）。ひどいよな。植田君に出会って、人間、適当に生きても構わないんだと教わった気がしたよ。

その後、植田君とは、テレビ朝日の「23時ショー」で「ダーティ・ペア」と名乗って漫才みたいなこともやったっけ。

76年に入ってからは、「ダーティーサーティーズ」でもキーボードを演奏した。

このバンドは、六本木にあるオールディーズ中心のライブレストラン「ケントス」に集まっていた俺の一世代上のミュージシャンが遊びで結成したグループ。ロカビリーやカレッジフォーク、そしてGS出身のメンバーが揃っていたんだ。

布施さんの日劇公演でもお世話になった元スウィング・ウエストの山本徹さん、元ヴィレッジ・シンガーズの小松久さんと林ゆたかさん、元バニーズの鈴木義之さん、それから黒澤明の息子で元ブロード・サイド・フォーの黒澤久雄さんといった面々だね。

ダーティーサーティーズは火曜日にライブをやっていたものだから、一時期の俺は、火曜の夕方から翌朝にかけて、「ぎんざNOW！」「ケントス」「オールナイトニッポン」と3つの仕事をハシゴしていたこともある。

ダーティーサーティーズは、77年に『ロックン・ロール・ミッドナイトパーティ』というライブ盤も発表しているんだ。


俺が課外活動的なバンドに関わる傍らでは、ハルヲフォンの他の3人も、営業用のバンドを作って仕事に励んでたのよ。

「スーパードーベンバンド」は、かつて新宿のラウンジでのハコバン時代に和厳洞銅弁を名乗っていた恒田がリードヴォーカルを務めたバンド。リバプールサウンドなんかをレパートリーにしてたね。

恒田、小林、高木の他に、四人囃子からギターの佐久間正英とドラムスの岡井大二、安全バンドからピアノ&サックスの中村哲《さとし》、そして音楽評論家の大貫憲章《けんしょう》がヴォーカルとして名を連ねていたんだ。

そして、さらに俺が音楽解説として加わる。どういうことかというと、ステージの真横でマイクを持って、バンドに負けないぐらいの音量で彼らが今何をやっているかを延々と副音声的に説明し続けるわけ。

「あっ、ギター、トレモロがかかりました！」「さあ、この後シャウト部分で声が出るのかどうか？　みなさん、お確かめください！」とかやってたんだよ（笑）。プロレスの実況中継みたいな感じでさ。こんなこと、他に誰も思いつかないだろうし、思いついてもやらないだろうから、ひょっとすると世界初の試みだったかもしれない。


「ぎんざＮＯＷ！」のコーナー司会などで多少顔を知られるようになった俺は、77年を迎えた辺りの段階では、世間からは完全にタレントとして認識されていたと思う。

その年の10月から「オールナイトニッポン」第２部のパーソナリティを務めるわけだけど、さらにもう一本、同じニッポン放送で別のレギュラーが決まったんだ。

ニッポン放送の廊下を歩いていたら、高校で１級下だったけど、結果的に俺が留年して同学年になっちゃった佐々智樹《さっさ》ってやつにばったり会ってさ。そいつがディレクターとして担当している番組に出演することが、その場ですぐに決まったんだ。

「タコ社長のマンモス歌謡ワイド」という土曜午後の番組で、その名の通り『男はつらいよ』

シリーズでタコ社長を演じる太宰久雄さんがパーソナリティ。俺は、ラジオカーに乗り込みいろんな街に赴いて、おじさんやおばさんがアコーディオン奏者の伴奏で歌謡曲を歌う模様を面白おかしく中継する役目だった。普通だったら毒蝮三太夫や大木凡人がやる仕事だよ！（笑）

しかもこの番組のリスナーに対しては、近田春夫が何者かという説明は一切なされないわけ。たぶん、駆け出しのお笑いか何かの人だと思われてたんじゃないかな。だって、やたら元気な声で「はいはーい！　私は今、下神明《しもしんめい》の商店街におります！」とか叫んでたんだから。でも俺、一応さ、本業はロックミュージシャンのはずなのよ（笑）。

ちなみに、この番組の放送作家のひとりが、まだ中央大学の学生だった秋元康。俺はなぜか、あいつから一方的に尊敬されてるんだけど、その縁はこの時点からずっと続いてきたことになる。

俺がパーソナリティを務める「オールナイトニッポン」は、火曜第2部として始まった1年半後の79年4月から、金曜第1部へと昇格する。つまり、午前1時スタートという浅い時間帯へと移ったわけ。2部をやってる間に、ハルヲフォンは解散していた。

2部の放送中に、ハルヲフォンのシングル「恋のグンギン・ナイト」が近日発売になると告知したことがあるんだけど、それはまったくの出鱈目でさ。曲自体が存在しなかった。これからでも作らなきゃいけないな。

2部時代は高木さんを相方に迎えていたけれど、1部では、スーパーマーケットのメンバーだったコッペという女の子と連名でパーソナリティを務めることになった。このふたりが洋楽派と邦楽派として自分の推薦曲をぶつけ合うというコンセプトで始まったんだけど、これはつまんないなと、俺は番組の開始前から予見してたのね。

でも、周囲のスタッフが一生懸命考えてこの企画にたどり着いたわけだから、否定するのも悪いと思い黙っていた。しかし、その予感は的中し、第1部は半年で終わっちゃった。


その後、「オールナイトニッポン」を聴いていたというTBSラジオのディレクターから声がかかって、80年4月から「パックインミュージック」という深夜放送のパーソナリティをやることになった。担当は金曜。深夜1時からの2時間だったから、「オールナイトニッポン」の真裏に当たる。

基本的には「オールナイトニッポン」2部時代をなぞるような内容だったんだけど、自分自身、そのフォーマットにはとっくに飽きてるわけよ。昔ほど燃えないんだよね。だから、1年半すると終わっちゃった。

TBSラジオではそれ以前に、78年10月からの半年間、音楽評論家の八木誠さんと一緒に「TOKYOロッキンタイム」という番組に出演していたこともあるんだ。

他のミュージシャンは、番組で自分の曲をオンエアしたりしてレコードの販促に活用していたけど、俺はそんなこと微塵も考えなかった。だから、パーソナリティとしての人気はレコードの売上には貢献しなかった。

ラジオなんかで歌謡曲について好き勝手に適当なことをしゃべってたら、文章も書けるんじゃないかと買いかぶられたらしく、今度は、雑誌から連載のオファーが寄せられた。

何でも、「POPEYE」誌上のコラムをまとめたページ「Popeye Forum」に参加してほしいと言う。その話を持ち込んだ後藤健夫という編集者は、「オールナイトニッポン」の熱心なリスナーだったんだ。

そのページはアメリカ西海岸とか洋物の情報が中心だったから、歌謡曲について書いたら浮かないかなと心配したんだけど、「絶対馴染むから」と口説くんだよ。

そして、78年3月から「THE歌謡曲」と題するコラムの連載がスタートした。

ここで、郷ひろみの歌声について分析する際に使った形容詞が「プラスチック」。表面がペラッとしてて複雑な意味がなくて、ビット数が小さい感じ。チープとかキッチュと言い替えてもいいのかな。しかも、既成の価値観に対して、どこかアンチな部分があるんだよ。つまり、いかに「プラスチック」であるかという尺度は、ポップアート的な文脈におけるパラメーターなわけ。

デビュー曲の「男の子女の子」を聴いた時、ジャケットに写ったお人形さんみたいにかわいいあの顔と、曰く言い難い不思議なあの声が結びつかなかったのよ。俺は「顔声一致」という言葉を使うんだけど、沢田研二って顔と声が一致してるじゃん。郷ひろみはまったく一致していない。この衝撃、最初から彼の顔と声をセットで受け止めた人には理解しにくいかもしれないんだけど。

とにかく、郷ひろみと平山三紀の声は、他にはない唯一無二のもの。そして、筒美京平さんはあの手の声が一番好きなんだよ。「本当に上手い人には曲書いてないのよね」ってよく言ってたから。例えば、当時のビッグネームでも、沢田研二さんや山口百恵さんの主だった仕事とはほぼ関わりがなかった。

郷ひろみについては、ルックスや人格とは別のところで、純粋に楽器としてすごい音が出るなというところに興味があったんだと思う。だって、郷ひろみの声って、意味としては安田大サーカスのクロちゃんみたいなもんじゃん（笑）。まあ、クロちゃんのあれは地声じゃないだろうけどさ。

結局、「THE歌謡曲」は84年12月まで7年間以上の長きにわたって続くこととなる。

連載2年目の79年には、それまで掲載されたこのコラムの文章を中心に、自分の生い立ちや他誌への寄稿を追加した『気分は歌謡曲』というタレント本が刊行された。

発売元は、歴史や書道に関する本ばかりを出していた雄山閣という老舗出版社。何でそうなったのか、未だに不思議なんだよな。

なお、「THE歌謡曲」の全連載は、98年に『定本 気分は歌謡曲』と題して文藝春秋から刊行された単行本に収録されている。


この時期、「明星」の付録だったいわゆる歌本「YOUNG SONG」でも、その月に発売されたおびただしい数の歌謡曲のシングルに対する短評を始めたんだ。

「POPEYE」よりも門戸の広い雑誌だったから、うっかりこの連載読んじゃってたって人がほんとに多いのよ。それがきっかけでレコード会社入っちゃったという人に何人も会ってさ、悪いことしたと思ってる(笑)。

「明星」という媒体ではあり得ないぐらいボロクソな評価を下したりしてさ。ところが、編集部からもうちょっとマイルドな表現にしてくれという要望が来たこともなかったし、レコード会社なり芸能事務所なりからクレームが来たこともなかった。


テレビでは、東京12チャンネル(現・テレビ東京)の「ROCKおもしロック」の司会を78年4月から務めた。

これはアマチュアバンドのコンテストを軸に据えた番組で、グレコというブランドでギターを販売していた神田商会がクライアントだった。ゴダイゴがハウスバンドで、Charがレギユラー出演していたね。

このコンテストに、誰もが驚くほどテクニックに長けた高校生ギタリストが登場したことがあったんだけど、だいぶ後になって、それが実はB’zの松本孝弘だったことを知った。さすがの腕前だったよ。


やがて、司会者のみならず、役者としてもテレビに出演するようになった。

最初に出演したドラマは、ＴＢＳの「ムー一族」。名物プロデューサーだった久世光彦さんが手がけていた番組だね。78年5月に始まったんだけど、俺は途中の回から参加している。

東京の新富町にある足袋屋が舞台で、実質的にはその店の息子の郷ひろみが主役。予備校生の彼を、家族に扮する渡辺美佐子、伊東四朗や、職人を演じる伴淳三郎、左とん平といった豪華キャストが取り巻くコメディ仕立てのホームドラマだった。郷ひろみと樹木希林のデュエット曲「林檎殺人事件」は、この番組の挿入歌だったんだよ。

俺の起用には2通りのルートがあったんだ。ひとつは、「オールナイトニッポン」。「ムー一族」の前編に当たる「ムー」もまた郷ひろみ主演だったんで、その頃から「俺も出たーい！」と番組で言い続けてたのよ。それを誰かがＴＢＳに伝えてくれて、願いが成就した。

もうひとつは、当時、久世さんと裕也さんは麻雀仲間だったのよ。それで、ちょっと口利いてくれた効果もあったんだと思う。

俺が演じたのは「夢先案内人ヘホ」という謎の役柄。樹木希林さん扮する家政婦の金田さんがトイレに入ってくると、ヘホが彼女をその奥へと導く。そこはミラーボールがきらめくディスコになっていて、待ち受けていた郷ひろみと一緒にみんなで踊り出すという設定だった。

このドラマ、なぜかしょっちゅう生放送の回があったのよ。赤坂のスタジオでのシーンが終わったら、ヘホの変てこな衣装のままヘルメットもかぶらずバイクの後ろにつかまって、ロケ先の日枝神社までものすごい速さで移動したりしてさ。あれ、絶対スピード違反してたと思う。たかだか1、2秒のカットのためにそんなことやってたんだよ。

ちなみに、「ムー」「ムー一族」で希林さんの家政婦仲間のタケさんを演じてたのが、俺が「ａｎａｎ」編集部時代にお世話になった編集者の滝谷典子さん。希林さんの親友だったから、出ることになったらしい。

「ムー一族」の打ち上げでは事件が起きた。希林さんが行ったスピーチの中で、久世さんの不倫について暴露しちゃったのよ。「久世光彦たる者が役者に手をつけるなんて本当に最低だ」ってさ。あの人、そういうちょっと困ったとこがあるから。

久世さんは、妻子がありながら、このドラマに出ていた若い女優とデキちゃってたんだ。それが、足袋屋の向かいの傘と履物の店の娘を演じたのぐちともこという女の子。由利徹の子ども役だね。撮影中に妊娠しちゃって、番組後半には、視聴者が見てもお腹が大きいのが分かるほどだった。打ち上げの段階では妊娠8カ月だったんだよ。もちろん、打ち上げ会場は大パニックに陥った。
その後、久世さんは不祥事の責任を取らされてＴＢＳを辞めちゃったんだ。そして、奥さんと離婚してのぐちさんと再婚した。

本当は、「ムー」「ムー一族」の続編も久世さんがプロデュースする予定だったんだけど、退職によってそのプランは潰えた。

ということで、久世さんの弟子に当たるＴＢＳのスタッフたちが制作したドラマが、79年5月に始まった「家路～ママ・ドント・クライ」。大竹しのぶの最初の旦那さんだった服部晴治さん、それから宮田吉雄さんといった面々が演出を手がけた。

キャストはすごく豪華だったんだよ。京マチ子、佐野浅夫、梶芽衣子、浅野温子、池部良……。そこに、久世作品ではお馴染みの伴淳三郎や小林亜星が加わり、実質上の主演はまたしても郷ひろみという盤石の体制でさ。

久世さんのコメディって、基本パターンはみんな一緒なわけ。「時間ですよ」なら銭湯、「寺内貫太郎一家」なら石屋、「ムー」シリーズなら足袋屋と、東京の下町に一軒の老舗があり、そこにはちょっと色っぽい年配の女優が演じるしっかりした母親の支える家族がいる。そしてその店の使用人たちが、ＮＨＫの「お笑い三人組」みたいにナンセンスなやり取りを繰り広げる。そこに、確たるストーリーはない。

「家路」の場合は、舞台が湯島の中華料理屋だった。そこで働くコックに扮したのが、俺とタモリさんとジャズ評論家の久保田二郎さんの3人組だったの。

役名がひどくってさ。俺は李斉足と書いて「り・さいたる」、久保田さんは王郭幕と書いて「おう・かくまく」、タモリさんなんか、庚朱慶と書いて「こう・しゅけい」だったから（笑）。今だったらクレームが来るよ。

このドラマは画竜点睛を欠いた。「ムー一族」の打ち上げでの遺恨から、樹木希林さんが出演していなかったんだよ。狂言回しを務める希林さんが抜けちゃうと、久世ドラマが築いてきたフォーマットは成り立たないんだ。ナンセンスですらない、まったく意味のない物語に堕してしまう。

そもそも、当の久世さんが関われなかったこともあり、このドラマは「寺内貫太郎一家」や「ムー」ほどの評判を呼ぶこともなく、盛り上がりに達することもなく、3カ月で終わってしまった。

ここで出会って以来、俺はタモリさんと意気投合する。一緒に香港に旅行したりするほどの仲になったんだ。しかも、芸能人的な大名旅行でも何でもなく、ごく普通のパックのツアーに一般客として参加したのよ。

あの人との旅行って、ほんとに楽なんだ。別に無理矢理会話して時間を埋めなくても、プレッシャーを感じないタイプなのよ。俺の言ってる意味、何となく分かるでしょ？

気がついたら、フジテレビの「新春かくし芸大会」にも呼ばれて、チャンバラの格好で英語劇にも出演していた。

そんな余興も含め、いくつか役者の仕事はやったけれど、もともと自分には、芝居に対する興味はあんまりないんだよね。何かを演じるということ自体を、根本的な部分で恥ずかしく感じてしまうタイプなんだよ。

演奏したり歌ったりという行為は、演じることとはまた別だから大丈夫なんだけどさ。具体的な他者になりきるってことに、どうしても抵抗を覚えてしまうんだろうね。

81年には、なぜか植田まさし原作の『フリテンくん』というアニメで、主役の声優を務めている。

当時、ナベプロに松下治夫さんという取締役がいたのよ。渡辺晋・美佐夫妻とともに渡辺プロダクションを創業したおっかない人で、その風貌から「目玉のハルオちゃん」って呼ばれてたんだ。その松下さんから連絡があって、「今度『フリテンくん』がアニメ化されるんだけど、お前、声優やるか?」と藪から棒に聞かれたから、反射的に「はい」と答えたら、「じゃあ取ってきてやる」と言われて、その通り俺が主役に決まったの。

でも俺、別にナベプロ所属のタレントじゃないんだよ。松下さん曰く「お前のキャラに合ってたから」ってことなんだけど、それにしたって意図がよく分からない。

いざ現場に行ってみたら、俺以外は、青二プロから来たようなちゃんとしたプロパーの声優ばっかりだった。

しかし、声優というのは難しい仕事だね。まだ画が上がっていないのに、「画面に黒い丸が出たらしゃべってください」みたいな指示に従って声を当てなくちゃならない。吹き込んでる間中、「何でこの仕事、俺に振ったんだろう」と不思議に思い続けてたよ。

出来上がった映画を観ると、まったくもって花のない無感情な俺のしゃべり方が、フリテンくんにすごく似合っていた。

『フリテンくん』と同様に、業界の偉い人から舞い込んだ意図の分からないオファーといえば、新興音楽出版社（現・シンコーミュージック・エンタテイメント）の草野昌一《しょういち》社長から謎の仕事を頼まれたことがある。もうさすがに時効だと思うから、この機会に証言しておきたい。

あれはまだ「オールナイトニッポン」をやってた時期だと思う。何かのきっかけで知り合った草野さんから連絡があったんだ。草野さんは、漣健児というペンネームで和製ポップスの訳詞家としても活躍した人で、俺もその作品には親しんでいたから、どんな用だろうと思って話を聞いてみたのよ。

何でも、第二のランナウェイズみたいなバンドがアメリカにいて、都倉俊一さんプロデュースで日本デビューさせることになったんだけど、彼女たちとの契約に180万円の手付を打たなきゃならないという。ところが当時は、日本から外国へ現金を持ち出す場合、その額に上限が設けられていた。それがせいぜい数十万円だったから、手付金には到底足りない。

「うちの社員が金を持ち出して、空港でチェックを受けたらまずいことになる。その点、お前はタレントだから怪しまれないだろう」という無茶苦茶な理屈で、俺がひとりで金を運ぶことになった。草野さん本人は俺の翌日に渡米するから、その日に落ち合って現金を渡すという予定になっていたんだ。

海外旅行用のグッズに、パスポートを入れる腹巻があるじゃん。ああいう道具に計180万円を仕込んで両腿に巻いた上からズボンをはいて、俺は単身サンフランシスコに飛んだ。言っとくけど、俺、これが生まれて初めての海外旅行だったんだよ！（笑）

日米の空港の税関を無事くぐり抜けてサンフランシスコにたどり着いた俺は、草野さんが手配したというホテルに向かった。白タクみたいな怪しい車を拾ってその宿に到着してみたら……予約入ってないんだよ。もう夜中の12時だよ。急遽、フロントの人に近くのホテルを取ってもらえたのはいいけれど、海外旅行初体験の人間が、見知らぬ異国の街の真っ暗な夜道を、腿に180万巻いたままひとりで歩くわけよ。怖かったよ！

翌日、草野さんに会ったら、まったく悪びれることなく、「ああ、ごめんごめん。ホテル取れてたと思ってたんだけどな」だって。「ごめんごめん」じゃないよ！

草野さんからバイト料代わりに滞在費を当てがわれた俺は、サンフランシスコとロサンゼルスで数日間遊んでから帰国した。その後、第二のランナウェイズとの契約がどうなったのかは知らない。

この時期、サポートミュージシャンとして行った仕事の中で思い出深いのは、80年夏に開催されたベンチャーズの日本公演に参加したことだね。

このコンサートは、同年にリリースされた『カメレオン』という日本独自企画のアルバム発売に伴う興行だった。加藤和彦さんがプロデュースしたこのLPでは、YMOの3人や鈴木慶一、梅林茂、今井裕、竹田和夫らが楽曲を提供している。巻上公一をヴォーカルに迎えたヒカシューの「パイク」のカバーも収められているんだ。

そのツアーの数本に、俺はハモンド奏者として迎えられたわけ。何しろ子どもの頃からベンチャーズの大ファンだったから、とにかくまあ、うれしかったよ。

セットリスト中に、「Hawaii Five-O」というヒット曲が含まれていた。ホーンセクションが主旋律を奏でるため、ライブではそのパートだけをテープで流すんだけど、恐ろしいことに、その音源にはただ単にホーンのメロディーしか入っていない。なのに、ドラムスのメル・テイラーは、ヘッドフォンもつけず、クリック音も聴かずに、楽勝でビートをキープしちゃうんだよ。

メンバー全員、最初から最後まで演奏がずれなかったからね。リズム感が異常に優れてるのよ。今のバンドって、イヤーモニターで音を取らないと演奏できないじゃん。

楽屋でいろいろと話が聞けたのも楽しかったな。彼らは日本全国を隈なく回ってるから、地方の美味しいものに詳しいわけよ。日本人の俺でも知らない各地のグルメ情報を伝授してくれたね。

60年代後半から70年代初頭にかけて、ベンチャーズは日本人歌手に対し、積極的に楽曲を提供していたじゃない。そのうちの一曲、渚ゆう子の「京都の恋」に関して、興味深い事実を教えてくれたんだよ。

あのメロディーは、ローリング・ストーンズの「Paint It, Black」をパクったっていうんだ。考えてみれば、♪ラシドレドシラ〜って、確かに一緒なんだよ。それを、ベンチャーズのメンバーが目の前でニコニコとギター弾きながら説明してくれる。これ、一生忘れられない経験だよ。

俺、どの曲がどの曲をパクったかに関しては誰よりも目端が利く人間だと自負してたから、こんな大ネタ中の大ネタに気づかなかったことが悔しくってさ。鼻っ柱をへし折られた気がしたな。

この時代の日常としては、よくディスコに通っていた。六本木の「パシャクラブ」「キャステル」「マノス」とか、新宿の「ツバキハウス」とか。

この時期には、生バンドが入るシステムはもう廃れて、DJがレコードをかける形式に変わっていた。ただ、今と違うのは、DJはあくまでも店の従業員だったのよ。備品として置いてあるレコードを利用していた。

大箱のクラブみたいなもんなんだけど、今のそれと違う点は、黒服がいたことと、VIPルームが設けられていたことだね。

俺、VIPルームに行って酒を飲みながら、一銭も払わずに帰ってくるような真似を、しょっちゅう繰り返してたんだ。そういう場で顔を利かせるのって、何だか楽しいじゃん。それに、ディスコでしか会わない刹那的な人間関係が好きでさ。お互いの素性も知らぬまま、朝まで飲んで踊って、三々五々別れる遊び方がいいんだよ。当時よく遊んでた仲間のひとりに、観月ありさの母親がいたな。

ただ、その頃の六本木からは、かつてのような秘密めいた魅力が失せ始めていた。そのきっかけは、70年代半ばに「パブ・カーディナル」ができたことじゃないかな。あそこで待ち合わせてディスコに繰り出すという行為が一般化したことで、ちょっと客層がダサくなっちゃったんだよね……。

やっぱり人情としてさ、たとえタレントとしてでも売れるのはうれしいわけ。ただ、その反面、これを続けてると、本当に自分のやりたいことに戻ってこれないんじゃないかという危惧が頭をもたげてきた。

すごく優秀なプレイヤーだった人がコメディアンとして売れちゃったために、ミュージシャンには復帰できなくなったケースがあるじゃん。例えば、フランキー堺とかさ。

自分の場合、少なくとも司会みたいな仕事に関してはやっていけることは分かったんだ。ボケもツッコミも両方できるから。だけど、ミュージシャンとしての道を完全に断ってまでそっちに行くべきかといえば、それは選択肢に入っていなかった。

分かりやすく言えば、中堅どころのミュージシャン上がりでしゃべりにも長けたタレントとして、ユースケ・サンタマリアと赤坂泰彦を足して2で割ったような存在になるかどうかを迫られていたわけよ。

当時は、俺みたいに何でも小器用にこなせる隙間産業的な人間が少なかったから、結構重宝されたんだ。タレント兼ミュージシャンという肩書があるから、懐メロ番組の司会とか、そういう中途半端な仕事にはちょうどフィットするのよ。今で言えば、民放BSの番組のような感じだね。

そういう場所で地盤を固めてやっていけば、そこそこ安定した立場のタレントさんにはなれたと思うんだ。だけど、そういう状況にありながらたまに思い出したように音楽活動を行ったとしても、世間は趣味や余技としてしか受け取ってくれない。すべてが冗談にしか見えなくなる。それが一番怖かった。

つまり、腹をくくらなきゃいけないわけ。一度腹をくくりさえすれば、後はもう楽なのよ。

だけど、果たしてそれでいいのかという葛藤は、ずーっと心の中でくすぶっていた。

近田春夫事務所が間借りしていたアミューズには、アマチュアのミュージシャンから膨大な数のデモテープが送られてきていた。当時は、あの事務所からデビューしたサザンオールスターズが大ヒットを連発していたからね。

でも、アミューズのスタッフは忙しいからか、それらのカセットは段ボール箱に入ったまま放置されていた。俺は、ヒカシューのデモテープに衝撃を受けた経験から、ひょっとすると、こういうところに宝が埋まっているんじゃないかと感じていたんだ。

80年のある日、ふとその箱の中に視線を向けたら、「人種熱」というバンド名が目に飛び込んできた。まずは、その造語のセンスに惹かれたんだよね。曲名もユニークだった。例えば、「さて」とかいうんだから。

いざデモテープを聴いてみると、音楽そのものもすごく面白かった。アース・ウィンド&ファイアーとウェザー・リポートとジャパンが混ざったようなもんでさ。あの段階で、すでにリズムボックスの音源を曲の一要素として生楽器の演奏にプラスしている。そこに乗る日本語の歌詞も、バンド名や曲名同様、今まで聴いたことのない新鮮なものだった。

ということで、興味を持った俺は、人種熱のメンバーに会う手配をつけた。

どこかのスタジオに呼び寄せて会ってみたら、リーダーでギターの窪田晴男がすっごい偉そうなのよ。あの頃、あいつは二十歳そこそこだったんだけど、「タレントやってるチャラチャラした人がちゃんと演奏なんかできるんですか?」って態度で俺に接していた。まあ、俺の方も実際、芸能人気取りが抜けないところはあったんだけどさ。

ハルヲフォン末期以降、主たる業務がタレントと化していた数年間、プレイヤーとしての俺は、キーボードにほとんど触れていなかった。BEEFではヴォーカルだけだったし。だからといって、さすがにアマチュアバンドの楽曲がそんなに難しいわけはないとは思うじゃん。

高をくくってる俺に、人種熱の譜面が手渡されたんだけど、驚いたよ。おたまじゃくしで隈なく埋め尽くされた書き譜なのよ。当時のロックバンドは、たとえプロであっても現場で編曲を進めるヘッドアレンジが当たり前。せいぜいコードが決まってるぐらいでさ。

真っ青になって、「ちょっと譜面借りて、今晩練習してくるわ」と言い残してそそくさと帰ったよ。窪田は、別にアカデミックな音楽教育を受けてきたわけじゃないんだけど、純邦楽や沖縄民謡に通じた山屋清という音楽家の甥に当たるんだ。そこから、いろいろと知識を吸収したらしい。

そして俺は、頭を下げて、人種熱に加入させてほしいと頼んだんだ。

ただ、人種熱単体では知名度に欠け、商売にはならない。若いメンバーたちを食わせなきゃならないから、俺が一介のキーボード奏者として参加する際には「人種熱＋近田春夫」名義、俺がヴォーカルとして前面に立つ場合は「近田春夫＆ビブラトーンズ」名義でそれぞれ活動しようということになった。その昔、新宿でハコバンやってた時のグループ名が息を吹き返したんだ。

ちなみに、俺が出会った頃の人種熱には、キーボーディストとして三谷泰弘が在籍していた。そのちょっと後、三谷はスターダスト☆レビューに加入して、人種熱からは抜けてしまう。今思えば、人種熱とスターダスト☆レビューって全然音楽性が違うんだけど、当時、あの界隈はごちゃごちゃと人の行き来があって、みんな仲がよかったんだよ。俺、人種熱と一緒に、スターダスト☆レビューのデビューライブに行ったことを覚えてるもん。

人種熱に入れてもらった時、窪田に「俺、新しくキーボード買おうと思うけど、何がいい？」って聞いたわけ。そしたら、「ローランドのジュピター8がいい」って言うから、すぐにそれを買ったのよ。あれが、俺の入手した最初のシンセだったな。

俺が人種熱と合流した頃、コロムビアの三野さんから、アニメの劇伴の話が持ち込まれたのよ。それが、81年3月に公開されるという、吉田秋生の少女漫画が原作の『悪魔と姫ぎみ』という映画だった。

そのサントラを、俺は人種熱＋近田春夫として手がけることにした。バンドのメンバーたちに、レコーディング現場を経験させるいい機会だと思ってさ。

まずは、主題歌を作ることになった。そこで俺が白羽の矢を立てたのが、青木美冴《みさえ》。「ぎんざNOW！」のオーディションを機に、15歳だった75年にCBS・ソニーからデビューしたアイドル歌手だね。俺が谷啓とスーパーマーケットの一員として出演していた「おはよう！こどもショー」で、彼女が「町あかりキラキラ」という曲を歌っているのを観て、すごく上手いなと思ったのよ。

あの頃、歌唱力が抜きん出てると思ったアイドルといえば、青木美冴と「東京娘」の桜たまこが双璧だった。

ところが、青木美冴はまったく鳴かず飛ばずで、CBS・ソニーとの契約も切れてしまっていた。何とか連絡をつけて、「Goin' にMy Way」という主題歌を歌ってもらった。この曲は、T・レックスの「Mambo Sun」が元ネタとなっている。

LPの帯に「アフロ・フュージョンによる力強いサウンド」と記されている通り、このサントラでは人種熱の個性と力量を示すことができたと思う。

人種熱とビブラトーンズ、それぞれのメンバーとしてミュージシャンに専念することを心に決めた俺は、この年の夏、タレント廃業を宣言する。

前から思ってたけど、中途半端にタレント活動を続けてたらもう音楽には戻れないなと、ここで本格的に危機感を覚えたのよ。

真剣に身を入れてバンドを続けるとなると、リハーサルしたり曲を作ったりと、傍から見るよりは結構忙しいのよ。その一方、タレントの仕事って、テレビの収録で長い間拘束されたり、ちょこちょこ取材が入ったり、何かと時間を取られるじゃん。両方やってると虻蜂取らずになっちゃうなと思ってさ。

アミューズの大里に相談したら、「本当にそういう覚悟があるんだったら、ちゃんとした形で宣言して退路を断った方がいい」とアドバイスされた。確か、スポーツ新聞か何かで記事に仕立ててもらったんだよ。

もしもあそこで人種熱に出会わなかったら、俺、本当にミュージシャンとしては終わっちゃってたと思う。


俺、このバンドには意外とすぐに溶け込むことができたんだ。最初こそあの譜面を見て恐れおののいたけど、しばらく練習しているうちに勘は戻ってきたし、クラシックの素養もあったから音楽理論についてもすぐ理解が追いついた。

全員揃っての練習も、毎週1回ぐらいは必ずやってたんだ。自分の経験から言うと、バンドは継続的に音を合わせてないとダメなんだよね。仕事がある時だけちょっと集まって確認するだけじゃ、バンドの音にならない。

阿吽の呼吸とか、以心伝心とか、そういうものがお互い実感できるようなレベルに行くまでは、コンスタントに規則正しくお稽古を積み重ねるしかないんだ。

俺の場合は、歌詞も楽譜も暗記してってところまでいかないと不安なんだけど、窪田は、絶対に譜面見ないと弾けないという変わった人なのよ。いつも「お前、次から譜面見ないでやれよ」と言うと、その場では「分かりました」って答えるんだけど、やっぱり無理で、最後まで譜面見てたね（笑）。

ギターとヴォーカルの窪田をはじめ、ヴォーカルとパーカッションの福岡裕《ゆたか》、ギターの岡田陽助、ベースとサックスの横山英規《ひでのり》、ドラムスの矢壁篤信、キーボードの矢野正道。あのバンドのメンバーは、みんな素晴らしかったよ。


そして、近田春夫&ビブラトーンズは、この年の11月にシングル「金曜日の天使」とアルバム『ミッドナイト・ピアニスト』を同時に発売してデビューを果たす。

「金曜日の天使」は、アルバム収録のヴァージョンでは「Soul Life」という曲名になっていて、歌詞も少し変えている。ギターにはポリスからの影響が窺えるよね。

ディスコを舞台としたこの曲が象徴しているように、このアルバムでは、水商売的な世界観の歌詞とニューウェーヴの知的なサウンドの融合を目指している。

「昼下がりの微熱」の作曲は窪田。松山千春の「長い夜」とミラクルズの「Love Machine」を足して二で割った曲を作ったというから聴いてみると、確かにその通りでさ。あれから俺は窪田のことを尊敬したよ。俺のふざけ心を理解して、「もっとくだらないもの作りました」と対抗してくるわけだから。

作曲は俺と窪田、それからエンちゃんこと福岡の3人で分け合って、作詞は1曲を除いてすべて俺。「夢のしずく」だけは、窪田が芝居をやってた頃の仲間だった峰岸洋が詞を書いている。

このレコードのジャケットを飾る写真は、タキシードを身にまとい派手な化粧を施した福岡、岡田、窪田の間に、ひとりだけ演歌歌手が着るようなダサいVネックのセーターを着た俺が挟まれているというもの。

俺だけ飛び抜けて背が小さく見えるのは、他の3人が台に乗ってるから。確かに俺は身長高くないけど、あそこまで背の高さ違わないよ（笑）。ディレクターの三野さんのアイデアなんだ。ひどいこと考えるよね。

あの年は、大瀧詠一さんの『A LONG VACATION』が大ヒットしていたから、三野さんは「お前もああいうの作れよ」って言ったんだよ。ああいうポップスで、ものすごく売れるやつって意味だろうけど、俺、そんなの向いてないじゃんさ。

翌82年6月には、俺がプロデュースを手がけ、窪田がアレンジを、ビブラトーンズが演奏を行った平山みきのアルバム『鬼ヶ島』がリリースされた。

70年のデビュー以来、橋本淳作詞・筒美京平作曲の楽曲を歌い続けてきた平山三紀さんは、芸名の表記を改め、レコード会社もビクターへと移籍して、心機一転イメージチェンジを図っていた。そのプロジェクトを統率したのは、音楽評論家の岩田由記夫さんだった。

そこから俺のところに声がかかって、まず考えたのは、極右から極左ぐらいの振幅でイメージを変えてしまった方が面白いだろうってこと。今さら京平さん淳さんのエピゴーネンみたいなもの作りたいんなら、レコード会社もわざわざ俺のところには頼まないだろうと思ってさ。

再発盤のライナーでは、レコーディング現場について窪田が、〈(近田さんのチェックは)ほとんどなかったです。スタジオの近田さんは、いつも森 進一の真似をしていたような気がす

近田春夫＆ビブラトーンズ
『ミッドナイト・ピアニスト』
(1981)

る〈(笑)〉と証言してる。まあ、そんなもんだったね。

俺の場合、ああいう風にグループ単位で仕事をする場合には、その人たちに全部任せて作った方が面白いものができると確信してるんだ。逆に自分ひとりでやる時は、ほとんど打ち込み。やり方はそのどっちか。

もともとビブラトーンズというか人種熱の力量を認めて一任しているわけだから、中途半端に口を出さない方がいい。現場がやりやすいように、レコード会社から茶々が入らないように、見えない部分での算段や采配には腐心したけれど、音楽面で「こうしろ」みたいな指示は決して行わなかった

特にあの時は、窪田とエンちゃんの才能が水際立ってたから、絶対面白いものができるだろうっていう自信があった。とにかくみんながつまんないことに気を遣わずやりたいことやって、最後に何とかまとめりゃいいやと思ってたんだ。

曲を書いたのは俺と窪田、エンちゃん、そして陽ちゃんこと岡田陽介の4人。詞はすべて俺。歌詞には腐心したね。それまでの歌謡曲には見当たらない言葉やテーマを用いながら、どうやったら歌謡曲的に耳当たりのよいものが作れるか、すごく考えた。

そして、『ミッドナイト・ピアニスト』では売れ線を狙った歌謡ポップス色の濃い曲が結構多かったかなという反省があったから、『鬼ヶ島』では、スケベ根性を起こさずそういう甘口なものはやらないようにしようとは思った。

だから、『鬼ヶ島』はビブラトーンズというよりは人種熱の作品に仕上がっている。『悪魔と姫ぎみ』もそうだったけど、俺がそっちのテイストを引き出したかったという気持ちはあったかもしれないね。

当時は、歌謡曲の世界もシティポップ指向が強かった。ロサンゼルスでレコーディングするのが流行っていたぐらいでさ。そういう中では、完全にニューウェーヴに振り切った『鬼ヶ島』はだいぶ異質だった。

京平さんの作品とは180度違うものを作り上げられたことには満足を覚えている。そして、たとえリアルタイムでは売れなかったとしても、後世になって評価されるだろうという手応えはつかんでいたんだ。

俺が人種熱に合流した当初の約束通り、このバンドのライブは、その趣旨によって「人種熱＋近田春夫」と「近田春夫＆ビブラトーンズ」の名義を使い分けていた。

ところが、当時の俺にはタレントさん的な意味での知名度がまだそこそこ残っていたから、やっぱりビブラトーンズの方が需要は大きいわけよ。もともと人種熱のリーダーだった窪田が、それについて快く感じていなかったことは気づいていたんだ。今思えば、俺も内心、「その代わり、収入を保障しているからいいだろう」と驕り高ぶっていたのかもしれない。

ある日、人種熱名義のライブの壇上で窪田は、「実は金のために嫌々ビブラトーンズをやってるんです」みたいなことを放言しちゃったんだよ。それを聞いた俺は、「俺としてはそういうつもりじゃなかったけど、自分のやっていることは本当に失礼なことだったんだな」と反省したんだ。

だけどライブが終わったら、他のメンバーが楽屋で「あれは近田さんに対して失礼だろ」って怒り出しちゃった。しまいには、本当は仲のよかったエンちゃんと窪田が口も聞かない状態になっちゃってさ。

俺としては、本心から窪田に謝って事を収めたかったものの、それではエンちゃんの顔が立たない。本当に悩みに悩んだ末、泣いて馬謖《ばしょく》を斬るみたいな気持ちで、あいつが練習するスタジオまで行って、「いろいろ考えた上で言うけれど、やっぱりお前に言われたことは失礼だと思うから、今日限りで俺はお前と絶交する」と告げたわけ。

その後、窪田とは関係を断っていたんだけど、あいつがパール兄弟としてデビューする前後の時期に、たまたま出席した共通の知人の結婚披露宴で隣り合わせちゃってさ。「おめでたい席でめぐり合ったわけだし、今日から元の仲に戻さないか」って俺から提案したのよ。そしたらあいつもブスッとした顔で「いいっすよ」と答えてくれてさ。

そこでいったん過去がリセットされて、今日に至るまで、ずっと深い付き合いになっていると思う。

夢のしずく　1982-85 ビブラトーンズ解散　14

82年に、俺はアミューズの中にあった近田春夫事務所を解散して、「ラガッツォ」という事務所を恵比寿に設立する。

細かいことは忘れたけど、「アーティストとはどうあるべきか」みたいな青臭い書生論的なところで大里と喧嘩して、売り言葉に買い言葉で出て行っちゃったわけよ。

そしたら、大里会長の下で社長を務めていた山本久さんという人が、「会社作るんだったらお金かかるだろうから」と言って、パシフィック音楽出版（現フジパシフィックミュージック）から800万円借りてきてくれたんだよ。確か、何の証文も取られなかったと記憶してる。「これ、月々返していかなきゃいけないんですかね」と恐る恐る尋ねたら、その必要はないらしく、「何かで曲書いたら、そこからちょっとずつ引いていくから」って話だった。山本さんはもともとインターソングという音楽出版社にいた人だからさ、権利関係に関するオーソリティなわけよ。最終的には、そのやり方で全部借金を返すことができたんだ。

それまで俺のマネージャーとして活躍してくれた堀上さんは、これを機にジューシィ・フルーツとヒカシューを引き連れてアミューズに移った。ラガッツォは、近田春夫事務所時代の中盤からマネジメントを手伝ってくれていた高木英一さんと俺が運営していくことになったんだ。「ragazzo」は、「ガキ」を意味するイタリア語。何か洋服屋みたいな名前にしたくってさ。イタリア語の辞書引きながら考えたんだよ。

インテリアは、ピンクとグリーンが基調のカフェバーっぽい造りにしたんだけど、とにかく使い勝手が悪くてさ。あれは失敗したね（笑）。

窪田が脱退した後のビブラトーンズは、82年11月に『VIBRA-ROCK』を発表する。この作品は、コロムビアが新設した「Shan-Shan」というレーベルからリリースされたミニアルバム。45回転4曲入りというフォーマットで統一されたこのレーベルは、ルースターズやSHI-SHONEN、エンケンこと遠藤賢司の作品も発売している。通常の33回転LPよりも溝が深いから音圧が高くサウンドに迫力があるというのが売りだったんだ。

「区役所」は、〈クラクション〉という歌詞を誰かが「えっ、区役所？」と聞き間違えたから、そのままそれを曲名にしちゃった。ハルヲフォンの「秘密のハイウェイ」にも通じる、フラッシュバックする悪夢の感覚を描いている。

「恋の晩だな」というタイトルは、マッチの「ギンギラギンにさりげなく」（作詞・伊達歩／作曲・筒美京平）に〈恋のバンダナ〉という歌詞があったからそこから採った。まあ、何にせよいい加減なもんよ（笑）。

「地球の片隅で（砂漠編）」は、『ブレードランナー』を観た印象を、自分というフィルターを通して描いた曲。もともと俺、あの映画の原作者であるフィリップ・K・ディックの小説が好きだったからさ。ディックに関しては、古本屋でサンリオSF文庫の『時は乱れて』に出会って以来、読めるものはすべて読み尽くすぐらいハマったんだ。

こうして振り返ってみると、ビブラトーンズ時代の俺って、作詞家として本当に脂が乗ってたんだなと痛感するよ。

サウンドとしては、初期のビブラトーンズみたいにメロディアスなものから、ポップス的じゃないゴツゴツとしたものに変化している。前のとは違うものを作ろう、違うものを作ろうと心がけたんだ。このミニアルバムも、『鬼ヶ島』から引き続き、本来の人種熱の方向性が前面

近田春夫＆ビブラトーンズ
『VIBRA-ROCK』（1982）

に押し出されている。

ビブラトーンズが『VIBRA-ROCK』を発売した82年11月から、毎回10組以上のバンドが登場する定例イベント「東京フリークス」がスタートした。会場は、「新宿ACBホール」や「目黒鹿鳴館」だった。

遠藤賢司、S-KEN、東京ブラボー、サニー久保田とクリスタル・バカンス、有頂天、ポータブル・ロック、そして岸野雄一や加藤賢崇のいた東京タワーズなんかが登場してくれた。

主目的はビブラトーンズの販促だったんだけど、いろんなバンドがいたらお客さんも楽しんでくれるかなと思ったんだよね。ちょうど、渋谷の「ナイロン100%」とか原宿の「ピテカントロプス」なんかを中心に、サブカル的な新しいバンドのシーンが活発になってきていた頃だったし。

なお、ビブラトーンズ末期には、キーボードのメンバーが替わった。矢野正道がミュージシャン辞めてヤマハに就職するっていうんで、その代わりに、爆風銃《バップガン》というバンドにいたホッピー神山が加入したのよ。その後、爆風銃はスーパースランプというバンドと合流して、爆風スランプになる。

「東京フリークス」を触媒としてバンド同士の交流が盛んになって、新しいユニットが生まれることもあった。そのひとつが、ビブラトーンズのエンちゃんを中心とする「おピンク兄弟」。

この名前は、『星くず兄弟の伝説』から採ってるんだよ。

ホッピーや東京ブラボーの岡野ハジメ、パーカッショニストのスティーヴ衛藤（現スティーヴ エトウ）を巻き込んだこのグループは、「ＰＩＮＫ」に発展し、84年にデビューすることになる。おピンク兄弟の段階じゃメンバーはまだ流動的で、ジューシィ・フルーツの沖山優司や、天才ギター少年として知られていた鈴木賢司が参加していたこともあった。

ちなみに、元ハルヲフォンの高木英一さんのアシスタントとしてこのイベントをともに仕切っていたのが、まだ高校生だったＫという男。なぜこいつだけが本名じゃなく頭文字表記なのかは、いずれ判明するんで、しばしお待ちいただきたい（笑）。

83年には、ビブラトーンズと並行して、「ゲートボール」というインストゥルメンタルバンドを結成する。メンバーは、キーボードの俺、ウッドベースの高木英一、グロッケンの野元貴子の３人。

野元貴子って女の子は、もともとリタという名前でガールズというバンドのヴォーカルを務めていた。そこでギターを弾いていたのが、後にジューシィ・フルーツに入るイリアだということは説明したよね。

リタは、79年のガールズ解散後に、江蔵浩一率いるピンナップスというバンドに参加する。81年のデビューアルバム『ピンナップス』のプロデューサーが高木さんで、翌年のセカンド

『抱きしめて!!』のプロデューサーが俺だった。

ゲートボールは、あの頃裏方に回っていた高木さんが、ちょっと軽くライブでもやりたいなってことで始まったのよ。バンドのコンセプトも高木さんが固めたんだ。

当時、イギリスで台頭していた環境音楽というものが日本にも伝わってきていたわけ。ブライアン・イーノとか、ペンギン・カフェ・オーケストラとかね。あの手の音楽って、何聴いても簡単に弾けそうに思えるじゃん。いわゆるヘタうまみたいな感じでさ。じゃあ、すでに知ってる曲だけ演奏すれば手っ取り早いんじゃないのということで始めたのよ。理屈としては『電撃的東京』と一緒。

パーシー・フェイスのヴァージョンが有名な「夏の日の恋」とか、フランク・シナトラの「夜のストレンジャー」とか、いかにもイージーリスニングっぽい曲があるかと思えば、デヴィッド・ボウイの「Starman」やキンクスの「You Really Got me」、クラフトワークの「モデル」をアンビエントっぽくアレンジしてみたり。

音響としては、アンプラグドみたいなものなんだ。ライブでは、俺が弾くジュピター8の音をごくごくちっちゃなアンプから流すんだけど、グロッケンとウッドベースの生音がちゃんと聴こえるぐらいの小さいボリュームで、いわば室内楽として演奏する。クラシックにおけるオンド・マルトノみたいな使い方だよね。シンセを含めどの楽器も、マイクで音を拾うことはしなかったんだ。

そして、そのアピアランスだけは、やたらお洒落なものにしようってことになった。シンセの周りを、東急ハンズで買った板で囲ってオルガンに見えるようにしたり、その前面にはゲートボールを略した「GB」ってロゴを配して、もっともらしく飾りつけてさ。服装に関しても、「Ol:ive」っぽいおフレンチなお洒落で揃えてみた。ライブは、ピテカントロプスでやることが多かったな。

この年の8月には、『スマートなゲートボール』と題した12曲入りカセットテープと4曲入りアナログ7インチがジャパンレコードからリリースされた（左図版はのちに発売されたCD）。確か、俺があそこのディレクターだった三浦光紀さんに直接頼んだのかな。こんなふざけた企画がすぐに通ったんだから、いい時代だったよ。

まあ、本当に普通のリハーサルスタジオで2チャンネルのテープレコーダー使って一発録り

ゲートボール
『スマートなゲートボール』
（1983）

したただけだから、制作費もタダみたいなもん。だからレコード会社も「いいよ」って言ってくれたんじゃないかな。

でも、ダイレクトカッティングに近いレコーディングだから、いい音なのよ。ウッドベースなんて、すごく響きがいいじゃん。


この当時の俺は、ロックという表現形態の行く末について悲観的な考えを抱いていた。縮小するのか拡大するのかはともかく、今後は再生産しか道はないと思えたわけ。

実際、ロックと称する音楽が、いわゆる売れ線のポップスと変わらないスタンスでヒットを狙う例が増えてきていたんだ。

ひとつは、ピーター・フランプトンみたいに、テクニックのみならずルックスにも恵まれたミュージシャンを積極的に売り出すパターン。分かりやすく言えば、後のボン・ジョヴィにも通じる手法ってことね。

もうひとつは、外見としてはお洒落からほど遠いんだけど、とにかく技術には長けているというパターン。その代表が、トム・ショルツのやっていたボストンだよ。

俺がイメージしていたロックというジャンルは、もっとリアルな心情を表出するものだったわけ。ところが、それはいつしか、スタジアム規模の興行にうってつけのコンテンツとしての見世物へと変わっていった。その最たるものが、キッスだったと思うんだ。

80年代を迎えると、「産業ロック」と揶揄されるようになったその類の音楽が、ロックのメインストリームとして定着してしまう。

そこで気づいた。自分の中では「ロックンロール」と「ロック」は違うものなんだと。

ロックは、次第に無難な商業音楽の分野のひとつとして受け入れられ、他のジャンル同様、技術の向上が尊重されることとなった。それに比べると、ロックンロールは、上手とか下手とか一切関係なしに、ハッタリが効きさえすればそれでいいじゃん。その究極の例が裕也さんなわけよ。

やっぱり、最近のストーンズのライブの映像観ても、ミック・ジャガーはいまだに歌上手くなってないもんね。うれしくなっちゃうよ（笑）。

非アカデミックなものがアカデミックなものに勝つというその瞬間こそ、「ロックンロール」の醍醐味である。俺は昔からそう定義してきた。パンクやヒップホップに形を変えながら、その精神はずっと受け継がれていったと思うんだ。

ロックに関する幻想から覚め始めた時、ディスコというジャンルが自分の中で存在感を増してきた。ディスコは、最初っから人を踊らせるための商業音楽という目的がはっきりしてるじゃない？　その機能性がいっそ潔いなと思ってさ。

実はディスコって、ちゃんとした楽典的素養がないとアレンジできないジャンルなんだよ。

結構、弦とか管とかが入るからさ。

歴史をたどれば、ディスコというサウンドは、ＭＦＳＢの「ソウル・トレインのテーマ」が元祖。あそこで、ドラマーのアール・ヤングが四つ打ちというものを発明したんだ。

少し遡るけど、当時、ディスコに関する考え方としてものすごく共鳴したのが、元ニューヨーク・ドールズのデヴィッド・ヨハンセンが78年にリリースした「Funky But Chic」。パンクとディスコを融合させた試みだよね。もうひとつが、同じ78年にエドガー・ウィンター・グループを脱退したダン・ハートマンが発表した「Instant Replay」。これ、アメリカのダンスチャートで1位を獲っちゃったんだ。

自分が気にかけていたミュージシャンが、こぞってダンスミュージック的な方向に舵を切った。その事実には刺激を受けたね。そして心の底には、ロックはもう遊び人の音楽じゃなくなっちゃったなという淋しい気持ちがあったんだと思う。

ただ、アメリカと日本では、ディスコという音楽のとらえ方が決定的に違ってたのよ。六本木の「ソウル・エンバシー」とか、ああいう店でかかっているのはモータウンかスタックスかＪＢって感じで、サルソウルみたいな音楽はあんまりウケてなかった。

その後、日本では、78年に公開された映画『サタデー・ナイト・フィーバー』の余熱がずっと続いていたわけ。つまり、白人っぽい甘口なものが受け入れられていた。

一方では、「ジンギスカン」を始めとするノベルティソングや、ハービー・マンやジョージ・ベンソンみたいなジャズの人がお手軽にこしらえた曲がヒットしたりしてさ。キャメオとかリック・ジェームスとか、テレビ映えするタイプも人気があったよね。

あと、何と言ってもアースよ。アース・ウィンド&ファイアー。日本中のディスコをアースが席巻しちゃった。つい最近まで、歌謡曲・ポップス系のアレンジャーが作るディスコはみんなアース調だったもん。そういった日本独自の感覚が、後のユーロビートのブームまで脈々とつながってると思う。

まあ、そもそも自分は長らくハコバンやってたぐらいだし、ロックよりディスコが好きだったことは事実なんだよね。この時期の俺は、バンドの作る音楽よりも、DJが発信する音楽の面白さに大きく惹かれていた。

DJに関して不思議なのはさ、例えばヨーロッパには、何万人も入るようなすごい大バコのクラブがある。みんなものすごく盛り上がるわけだけど、あれって、単にDJが曲をかけてるだけじゃん。もしもステージにDJが不在で、テープで同じ音楽を再生したなら、あんなに盛り上がらないよね?

つまり、DJっていうのは盆踊りにおける音頭取りなのよ。だから、音楽家とは違う。でも、その人がいないと、おんなじ音が鳴ってても踊る気にはなんない。その構造に関心が引き寄せられていったんだと思う。

確かに、当時、六本木や新宿のディスコなんかに行っても、いいDJは観てるだけで楽しかったんだよ。宇治田みのるとか松本みつぐとかさ。

そして、制作面における自分自身の興味の対象はといえば、一から十まで打ち込みで全部作っちゃう手法の方に移っていた。自然に、ビブラトーンズの新曲を作るとか、そういう作業に対する情熱が薄れていっちゃった。

結局、ロックというジャンル、バンドというフォーマットに対する懐疑的な思いを募らせた俺は、84年1月にビブラトーンズを解散することになる。

85年6月には、俺が80年に発表したアルバム『星くず兄弟の伝説』を基にした同名の映画が公開される。

高木英一さんが、ラガッツォ旗揚げのアドバルーン代わりとなる企画を立てようとして、あのアルバムの映画化を思いついたわけ。

この映画では、俺は「製作総指揮」としてクレジットされているんだけど、実際は名ばかりで、ほとんど何もやってないのよ。映画化に至る細かい経緯についてはあんまり詳しく知らないんだ。

その頃、俺は山本コウタローと一緒にフジテレビの「ぼくらクラブ」という深夜番組の司会をやってたんだ。そのディレクターを務めてたのが、CMディレクターの川崎徹さんの奥さんに当たる桜井郁子さん。もともとアナウンサーとして入社したんだけど、その後、制作局に異動したんだよね。90年代初頭、彼女は「ウゴウゴルーガ」という番組をプロデュースするんだけど、俺はそのテーマ曲の作編曲を手がけている。

　さて、「ぼくらクラブ」には学生が作る8ミリ映画を特集した回があって、その時、ゲストとして登場したのが、まだ日大藝術学部の学生だった手塚眞。あいつの撮った『MOMENT』という映画がとても面白くてさ。『星くず兄弟』の監督を任せようという話になった。

　当初の構想段階では、まとまった資金もないし、とにかくキャストは知り合いで固めちゃおうってことになった。まずはスターダスト・ブラザーズを演じる主演俳優として、サニー久保田とクリスタル・バカンスの久保田しんご（現・久保田慎吾）と東京ブラボーの高木一裕（現・高木完）に声をかけたのよ。どっちのバンドも「東京フリークス」の常連だったし、あのふたりは普段から仲がよくて、まさに映画通りの凸凹コンビを地で行ってたんで、迷いなく決まったね。

　高木英一さんは何しろフットワークが軽いからさ、企画書をあっという間にまとめて、セゾングループに持ち込んだんだ。別に知り合いもいなかったんだけど、当時のセゾンは文化に理解があるというイメージがあったからね。運よく、向こうは向こうでちょうどシネセゾンという会社を作って映画事業への進出を考えていたタイミングだったらしく、とんとん拍子に話が進んでいったんだ。

　18年には、33年の時を隔てた続編『星くず兄弟の新たな伝説』が公開された。前作に関わったキャストやスタッフが久しぶりに集まって、楽しかったね。

私生活では、83年に2度目の結婚をしている。

相手は当時、横浜の元町で「フライング・ソーサー」という輸入レコード店を営んでいた。横浜のディスコのDJは、みんなここでレコードを買ってたんだよ。

まあ、よくある話だけど、子どもができちゃってさ。前の奥さんとは別れて、彼女と再婚することになったわけ。

これを機に、俺は横浜で暮らし始めた。横浜には昔から馴染みがあったのよ。中学時代にはヨットの練習で新山下に来ていたし、本牧の店でハコバンやってたこともあったし。六本木のディスコが大衆化してからは、横浜まで足を延ばす機会も多かったね。

横浜で最初に住んだのが、元町交差点の角にあったマンションでさ、その1階にはケンタッキーフライドチキンがあった。恵比寿の事務所のすぐ近くにもケンタッキーがあって、一日中あの匂いを嗅がされるわけ。だから、一時期は本当にケンタッキーが嫌になっちゃってたよ(笑)。

それ以来、今までずっと、横浜に住み続けているんだ。

86年のある日、高木完と藤原ヒロシがうちの事務所に一本のビデオテープを持ってきて、一緒に観ようと言う。

それが、その前年に公開された『クラッシュ・グルーブ』という映画だった。ヒップホップを代表するレーベル、デフ・ジャムの黎明期を題材としたこの映画がとにかくカッコよくてさ。LL・クール・J、ランDMC、そしてシーラ・Eなんかが本人役として出てるんだ。

俺はちょうどその頃、日本語の歌詞を作る上での新しい方法論を模索してたの。日本語は、1音節でひとつの意味を表す言葉が少ないじゃない。日本語で「私はあなたを愛する」と言うのも、英語なら「I love you」の3音節で済む。だから、一定の時間内に詰め込むことのできる情報量に限りがある。

日本語で複雑なことを伝えようとするがため、俺の書く歌詞は、どうしても16分の符割りばかりになっていった。ただ、日本語の単語は強弱じゃなくて高低でアクセントを効かせるから、1番と同じメロディに2番の歌詞を乗せると、意味が通じなくなる場合がある。

ということで、正確に内容を伝えることを優先するため、自分が作る曲は、歌うというよりはしゃべるようなイントネーションに変わっていった。ビブラトーンズの『VIBRA-ROCK』の作風には、すでにその傾向がうかがえるよね。

その矢先に『クラッシュ・グルーブ』を観たもんだから、衝撃を受けたわけよ。それまで、シュガーヒル・ギャングみたいなパーティラップは耳にしたことがあったけど、あれは日本に置き換えるなら七五調の言葉遊びみたいなもんじゃん。ところが、デフ・ジャムをはじめとする一連の新しいラップは、特に韻も踏まずに、ビートに載せてとにかく言いたいことを無骨に畳みかけている印象があった。

これは、当時の自分が試みていたことと近いかもしれないなと思ったの。俺がやっていたことは、ロックというアートフォームの中で理解するより、ヒップホップとして捉え直した方がいいんじゃないかと。

そして、『クラッシュ・グルーブ』を観終えた瞬間、天啓を受けたように「そうだ、俺はラッパーになろう」と心に決めたのよ。

ラップそのものもさることながら、驚きが大きかったのは、LL・クール・JやランDMCのアクション。それまでのソウルミュージックのミュージシャンたち、例えばジェームス・ブラウンなんかとはまったく違う動きを繰り広げてたわけよ。

そして、ファッションだよね。LL・クール・Jのカンゴールの帽子とか、ランDMCのアディダスとか。

完ちゃんとヒロシは、それをどっかから手に入れて、すでに身に着けていた。悔しかったね。俺も、神保町のスポーツ用品店を端から端まで隈なくめぐってアディダスのジャージを探し回ったんだけど、ランDMCと一緒のやつは見つからないんだよ。

というのも、当時の日本にはアディダスの現地法人がなくて、デサントがライセンス生産してたのよ。だからダサいんだ。しょうがなく、俺も中途半端なものを着てたけどね。

でも、アディダスがダサいっていうその感覚自体は、アメリカでもそう変わらなかったんじゃないかな。あの頃はスニーカーにしたって、ナイキの方がカッコいいとされてたもん。たぶんランDMCも、スポーツ用品店の外に積まれてた、半分日に焼けたような商品にあえて目を付けたんだと思う。

それは、ネタの選び方にも通ずるセンス。彼らが「Walk This Way」でフィーチャーしたエアロスミスって、当時一番ダサい存在だったはずなんだよ（笑）。

ヒップホップのルーツをたどれば、安く投げ売りされていたレコードのドラムの音だけをつないで、それをバックに適当にしゃべっていたって遊びじゃない？　そもそもお金がなかったがゆえに生まれた手法なわけよ。

やがて、それをお金持ちたちも真似するようになり、互いの立場で切磋琢磨を重ねることでジャンル全体がシュールな進化をとげる。

　非アカデミックなものがアカデミックなものに対し一発逆転するという、ロックンロールと同じ成功例がそこには存在したわけよ。

　ランＤＭＣの「King of Rock」にしても、ＬＬ・クール・Ｊの「Rock the Bells」にしても、時代遅れの代物という印象があったロックという言葉をわざわざ別の文脈で蘇らせることによって、価値観をひっくり返す意図があったと思うんだ。


　しかしさ、俺にヒップホップの魅力を教えてくれた完ちゃんもヒロシも、それまで黒人音楽なんかろくに耳にしちゃいないのよ。もっぱらパンクばかり聴いてたわけだから。その点、ちゃんとディスコを通過してる俺が負けるのは癪だったね（笑）。

　ちなみに、俺がヒロシと初めて会ったのは、80年代の頭。「ミルク」の大川ひとみちゃんのところでだったと思う。あいつ、あの頃はいつも、中西俊夫の後ろに、まるで金魚の糞みたいにくっついてたもんだよ。

　ということで、俺はラップに本腰を入れることにした。当時のヒップホップというジャンルにおいて、俺は世界的に見ても最年長のアーティストだったと断言したいところ。

　日本でラップ風のものにアプローチした例は、俺以前にも少数ながら存在した。山田邦子の「邦子のかわい子ぶりっ子」とか、吉幾三の「俺ら東京さ行ぐだ」とかさ。いずれにしても色物ではあったよね。

ノベルティ色から離れた二の線の作品となると、84年にリリースされた佐野元春の『VISITORS』が最初じゃないかな。まあ、若干の気取りがあって、俺としては聴いてて恥ずかしく感じる部分もあるんだけど、こういうものをこうやって作るセンスはすごいなって、素直に感服したよ。

そして85年には、いとうせいこうのプロデュースする『業界くん物語』が登場した。完ちゃんやヒロシ、ヤン富田さんなんかが参加したこのアルバムは、企画物の皮をかぶった本邦ヒップホップの先駆けだった。

当時、レコード会社のA&Rやってるような人たちは、まったくヒップホップに目を向けていなかったんだ。大方は、ロンドンのロックのシーンばかりを気にしていたように思う。

なお、ヒップホップの影響を受けながらも、俺自身がターンテーブルを操る方向に進むことはなかった。簡単そうに見えたからちょっと試してみたら、案外難しいのよ。

10代半ば頃に出会ったエレキギターについてもそうだったけど、一から始めるのは大変じゃない。30歳超えたらなおさらよ。その代わり、生活の基盤に関わってきそうな技術に関しては、そこそこ必死に習得するんだ。その最たるものが打ち込みだよ。

その頃、コロムビアから独立した三野さんは、「シックスティ」というレコード会社を旗揚げしていた。その社内で、俺が主宰する日本初のヒップホップ専門レーベル「BPM」が86年にスタートすることになったんだ。ここから俺は、「プレジデントBPM」と名乗ることになった。

このレーベルの原盤製作費は、三野さんと、ミスターミュージックというCM音楽制作会社の代表だった吉江一男さんが折半して出資してくれた。

BPMの活動開始に際しては、「インクスティック六本木」で華々しくイベントを行った。当時の日本ではヒップホップという村の総人口が極めて少なかったから、その場には、ヒップホップ観をまったく異にする面々が呉越同舟のように顔を揃えていた。

一方には、完ちゃんやヒロシのようにお洒落な服飾文化系がいて、もう一方には、CRAZY-AやDJ YUTAKAのような本物の不良の遊び人がいる。たまたま俺には、その双方と仲よくできる素養があったのよ。

このイベントの司会は、ジョージ・ミュージックという男。その後、キャプテン・ジョージやケビン・クローンといった名義でいろんなテレビ番組に登場することとなる。学歴も育ちもいいのに、いわゆるヨゴレのイメージがあって、そこが好きだったんだ（笑）。

このイベントをはじめ、初期のBPMのライブには、いろんなミュージシャンが関わっていた。SHI-SHONENの戸田誠司がドラムマシーンを操作してたり、元ピンナップスの江蔵浩一がギターを弾いてたり。あと、本来パーカッショニストのNOGERAには、俺とラップのパートを分け合ってもらった。ラップは歌詞覚えるの大変だからさ、もうひとりいると楽かなと思ってさ（笑）。

そういや、ヒップホップに興味を持った俺は、渋谷の美竹公園の向かい辺りにあった、その名も「ヒップホップ」というクラブに行ってみたことがあるのよ。そしたら、ヒップホップなんてかかってなくて、ユーロビート、いや、あの当時はハイエナジーって言ってたな、とにかくそういうレコードでスクラッチしてたりするわけ。

でも、そういう表層的な勘違いは俺の大好物だから（笑）。むしろ、その手の場所の方がかわいい女の子はいっぱいいたりするし。


ＢＰＭにとって初の音源となる12インチシングル「MASS COMMUNICATION BREAKDOWN」は、その年の10月にリリースされる。

その名にちなんで、このレーベルから発表されたシングルのジャケットの背景には、ＢＰＭの数値に対応する各音符のディレイタイムのチャートがあしらわれている。そのレコードの収録曲のＢＰＭのところにはちゃんと丸をつけてさ。

このジャケットをスタジオに飾っておけば、アシスタントエンジニアにとっては便利だろうなと思ったの。親切心のように見えて、実は単にふざけてるだけなんだけど（笑）。

第１弾シングルの表題曲には、やたらといろんな面子が参加している。ギターソロを弾くのはアースシェイカーの石原慎一郎。ランＤＭＣにおけるエアロスミスの役どころを満たす存在は、日本じゃアースシェイカーだろうと思ってさ。英語のかけ声を叫んでいるのは、さっき言った渋谷の「ヒップホップ」でナンパした黒人の男の子たち。ラップには、ＰＩＮＫの福岡ユタカや岡野ハジメも加わってるんだ。

この曲のブレイクビーツ部分のホーンのフレーズは、筒美京平さんに敬意を表し、平山三紀の「真夏の出来事」のイントロを引用している。自分なりのサンプリングだね。

ここからは、２カ月に１枚のペースで、怒涛のようにシングルをリリースし続けることになる。

12月にリリースされたセカンドシングルは、「NASU-KYURI」。

実はこの曲、とある知人のＬＳＤ体験を聴き取り調査して作ったものなんだ。

当時、パーティで流行っていた悪戯として、大きなボウルに入れたパンチにＬＳＤを混ぜておくというものがあった。あれって、薬が効いてくるまでそこそこ時間がかかるんだよ。その顛末を詳細に記録して歌詞に昇華したら、これは絶対に文学として価値があるなと思ってさ。日本におけるウィリアム・バロウズあるいはアレン・ギンズバーグになれるんじゃないかと。

このレコードはスプリットシングルで、Ｂ面には、完ちゃんとヒロシによるタイニー・パンクスの「I Luv Got The Groove」を収録している。彼らにとってのデビュー音源だね。

第3弾シングルは、87年2月にリリースされた「Hoo! Ei! Ho!」。

この2年前に、大幅に改められた風営法が施行され、ディスコは深夜12時までしか営業が認められなくなっちゃったのよ。それに対し、若者たちのちょっとした不満がくすぶり続けていた。それをテーマにしたんだけど、まあ、何より単純に「Hoo! Ei! Ho!」っていう綴りが面白いなと思ってさ。

あの曲では、法律に真正面から向き合うことはない、バレなきゃいいじゃんってことを言いたかったのよ。法律ってのは絶対的な真理じゃなくて、その時その時の世間の都合に左右される。資本主義にしたって流行みたいなもので、共産主義同様、いずれはブームの終焉を迎えるかもしれないしさ。

ここで主張したかったのは、ラップには韻を踏む必要などないってこと。語尾に全部「さ」が付いてるからいいじゃんって、逆説的に開き直ってみたのよ。これ、完ちゃんが言ってた冗談を採り入れたんだ。

日本語はさ、英語とは構造が違って述語が後に来るから、脚韻を揃えることに大した意味はない。そもそも日本の詩歌の伝統は頭韻だしさ。だから、みんな無理して倒置法の歌詞を書くわけじゃん。あれ、滑稽だよ。あんな語法じゃ難しくて口喧嘩できないよ。

俺のラップは、ほとんど韻を意識していない。最近のトラップも、全然韻なんか踏んでないじゃん。俺は早かったんだよ。

　この曲では、「MASS COMMUNICATION BREAKDOWN」での「真夏の出来事」のように、京平さんが作曲した尾崎紀世彦の「また逢う日まで」を引用している。

　このシングルだけ、プレジデントＢＰＭじゃなくて「ＢＰＭプレジデンツ」という名義を使ってるんだけど、あんまり意味はなくて、ちょっとバンドっぽいイメージを出したかったんだろうね。あと、大統領が複数って、何か馬鹿馬鹿しくっていいじゃん（笑）。

　その2カ月後、4月に出たシングルが細野晴臣さんを迎えた「COME★BACK」。名義としては、当時の細野さんが率いていたユニット、Ｆ．Ｏ．ＥがプレジデントＢＰＭといとうせいこうを従える形となっている。

　細野さんは、この前年、雪の日に代官山の路上で転んで骨折したことをきっかけに、1年間休業してたんだよ。そこからの復活作が、ラップに挑戦したこの曲になった。しかし、美声だよね。バックトラックも、すべて細野さんが作っている。

　せいこうは、ピテカンでシティボーイズと一緒にライブをやってるのを観て、「こいつ、くだらねえことやってやがるな」と思って印象には残ってたのよ。その後、完ちゃんやヒロシを通じて知り合って、86年末にはランＤＭＣのＮＨＫホールの前座を一緒に務めた。タイニー・パンクスも出たあのステージ、俺はラップもせずに踊ってただけだったな。

87年6月には、アルバム『HEAVY』を発表した。プレジデントBPMがタイニー・パンクスとF.O.Eをフィーチャリングした名義を掲げているこの作品は、それまで発表した12インチの収録曲と、書き下ろしの新曲で構成。「NASU-KYURI」に関しては、リズムをゴーゴーに変えたヴァージョンも収めている。

このジャケット写真で、俺はスーツ姿でサングラスかけて何か叫んでるじゃん。アルバムのイメージに合ってるけど、これ、ミスターミュージックでCM音楽のプロデューサーを務めていた渡辺秀文君の結婚式で祝辞を述べる俺を撮影したスナップなんだ。

デザインは、マジック・ディスコ・マシーンの『Disc-O-Tech』からいただいている。例のKというマネージャーのアイデアなんだ。いいセンスしてるよね。あいつは、BPMのかなり

President BPM featuring TINNIE PUNX and F.O.E 『HEAVY』(1987)

の数の楽曲において、ターンテーブルを操っている。

そして、ＢＰＭレーベルは、88年にタイニー・パンクスの12インチ「FAITH, HOPE & CHARITY」をリリースして幕を閉じる。

HEAVY 1987-89 ビブラストーンと試練 16

プレジデントBPMとしての活動に一段落ついた頃、俺は直感として、遅かれ早かれ、MCとDJというライブ形態に自分が飽きてくるなと思ったんだよね。レコーディングに関しても、音の秘密というか、大体の作り方は分かってきちゃったし。

要するに、ヒップホップ界隈の住人たちに対し、ドラムマシンやサンプリングじゃなくて、ゼロから作った音にラップを乗せるってことは君たちにはできないでしょっていう意地悪な気持ちが頭をもたげてきたわけ。

実際、あの周辺には、MCにしてもDJにしても根っからのミュージシャンはいなかった。一方、俺はもともとの出自が音楽家なんだから、その特技を生かし、ヒップホップをさらに違う形に変えてみたいなって思った。

ひとつのジャンルに没入すると、みんな、「らしさ」ってものを求めるじゃん。でも、俺はエピゴーネンは嫌なのよ。冗談としてエピゴーネンするならいいけど、本気でエピゴーネンしちゃうと、そこから先に抜けられない。だから、違う角度から戦いを挑まなきゃいけないんだ。

やっぱりいつも考えるのは、先の先まで行っても絶対に鎮火しないものとは何かっていうこと。どんなものを作っていても、その意識はすごく強い。

つまり、ないものを作るしかないじゃん。あるジャンルの範囲内でクオリティを上げたものを作っていくと、その方法論自体が、ある時代を象徴することになるから、否応なく古びていく。自分は、あくまでも今までにない方法論を見つけたいんだよね。


そんな折、俺がマネージャーのＫに、「こっから先はどうするかね？」と聞いたら、「次はバンドですよ」と答えるわけ。つまり、バンド編成でヒップホップをやるって意味なんだ。俺、率直に感心したよ。

しかも、「ホーンが入ってる大所帯がいいですよ」と言う。「メンバーに心当たりはあるの？」って返すと、「ギターはＯＴＯさんと陽ちゃんで、ベースは沖山さんで……」みたいにすらすら名前が出てきてさ。あいつの中では、すでに構想が固まってたんだ。

その瞬間、俺の脳内ではそのバンドの姿がパッと像を結んだ。これはいけそうだと思ったよ。即座に「じゃあ全部集めて」って頼んで、新バンドの準備が始まった。

世の中の景気がまだよかったからさ、ＣＭ音楽の仕事さえやってれば金には困んなかったし、大所帯でも何とか回していけるだろうって、俺も後先考えなかったんだよね。

ちなみにこの頃、高木英一さんはラガッツォを離れていた。事務所の運営方針をめぐって、俺と意見が分かれることが多くなっちゃってさ。ということで、まだ若いKがひとりで裏を仕切るようになってたわけ。

そして、87年に「近田春夫&ビブラストーン」が結成される。

英語で表記すれば、VIBRASTONE。VIBRATONESのアナグラムであるこのバンド名には、みんなの勘違いを誘ったら面白いかなというひねくれた思いがあった。そしてもうひとつ、スライ&ザ・ファミリー・ストーンへのリスペクトも込めてたのよ。

実は俺、ずっと昔から、ホーンセクションを擁するバンドを一度作ってみたいなとは考えてたのね。20歳の頃、バーケイズのステージにノックアウトされた記憶が鮮烈に残っていて、いつかあのソウルフルなライブを自分でも実現したいと思っていたんだ。

やっぱり、俺はバンドマンなんだよ。ひとりで作業を進めるよりも、他のメンバーと一緒にサウンドを作っていくことの方が好きな人間であることは分かっていた。

ただ、当時は、ターンテーブルを使う行為こそが新しく、生バンドはダサいと考える風潮があった。だから、完ちゃんやヒロシとは疎遠になっちゃったんだ。

そして、本格的なバンド単位の活動には3年以上のブランクがあったので、勘を取り戻すにはしばらく時間がかかった。メンバーが集まってから最初のライブをやるまでの2カ月間は、ひたすら粛々と練習を続けてたね。

ビブラストーンが最初に人前で演奏したのは、確か仙台のディスコでの営業だった。
その時点では、レパートリーがまだ2曲か3曲しかなかったのよ。だから、客を飽きさせることなく、どれだけ長くひとつの曲を演奏することができるか、とにかくその課題にすべてのエネルギーを注いで練習したね。ミニマルという言葉の意味を体で学んだよ。その精華と呼べる曲が「Vibra is Back」。あんなに遅いテンポで、あんなグルーヴを紡ぎ出すことは相当難しいからさ。

その後、88年の3月からは、六本木のインクスティックでマンスリーライブをスタートする。ここから、月に1回ライブをやって、それに向けて月に1曲新曲を作るというペースが定着したんだ。

練習場所は、六本木のフランスベッドの向かいにあった「マッドスタジオ」。毎週1回、木曜の夜8時から11時までリハーサルを行っていた。メンバーには堅気のサラリーマンが何人か含まれていたから、スケジュールをしっかり固定していたんだ。

曲作りに関しては、最初に俺が歌詞を完璧に仕上げる。ラップにおいて一番手間がかかるのが歌詞を書くことだから、夏休みの宿題で面倒なものから先に終わらせるのと同じ意味で、まず作詞を終わらせる。

その後は、俺が頭の中でアレンジを全部考えて、現場に行ったら各パートのメンバーにそれを口三味線で説明する。譜面を渡すことはなかった。譜面ってカーナビみたいなもんで、それがないと運転できなくなるからさ。ビブラトーンズの時にも言ったように、俺は譜面見るメンバーがいるバンドは絶対に嫌なのよ。

メンバーに譜面の使用を禁じた手前、俺も歌詞は全部覚えなくちゃならなくて、それはそれで大変だったけど（笑）。

ビブラストーンを始める時に思ったのは、ジェームス・ブラウンとフランク・ザッパを足して二で割ったようなものを作ろうってこと。

よくフェラ・クティの影響も指摘されるんだけど、そこはＯＴＯの趣味なんだ。俺さ、アフロファンクとレゲエはあんまり好きじゃないのよ。何というか埃っぽくてさ。

ＯＴＯに関して言えば、俺、じゃがたらからは相当刺激を受けたんだよ。アングラ嫌いの俺がじゃがたらのことを好きだなんて意外だと驚かれるんだけど、俺の考えでは、じゃがたらはとにかくモダンだったんだ。特に、日本語とリズムとの関係において、それまでにはなかった新しいものを感じた。


この年の夏、大きな問題が起こる。マネージャーのＫが、突如姿をくらましたんだ。

どうしたんだろうと心配していたら、事務所の近所のガソリンスタンドから電話がかかってきた。「すみません、この半年間、御社から振込がないんですけど」と言う。驚いて、電話口で「ええっ！」と声が出たよ。すぐに口座を調べたら、出るわ出るわ、当時のお金で１５００万円ぐらいがKによって使い込まれていたんだ。衝撃だったよ。

それが発覚した日の晩に、ちょうど「インクスティック芝浦」でライブがあった。でも、このタイミングでメンバーたちにKの件を知らせるわけにはいかない。これは神が与えた試練なんだ、今日はいいステージにしなくちゃならないと自分を鼓舞したよ。

あの年は記録的な冷夏で、ずーっと長雨が降り続けていた。さらに、自分ひとりで楽器車のハンドルを握って移動していると、カーラジオから昭和天皇の体調の悪化が伝えられたりしてさ。子どもの頃から一度も味わったことのない、陰々滅々とした夏だった。

今思えば、俺はKを甘やかしすぎた。年齢や経験にはまったく不相応なだいぶ高い給料を与えた上に、通帳と印鑑をあいつに預けっぱなしにしてたのよ。

最初は、自分より若いやつらにでかい顔するために、ちょっとおごるための金を会社の金から借りては返してたりしてたんだろうと思うんだけど、一度それをやり出すと、もう後には戻れなくなっちゃうんだよね。公私の区別がつかなくなり、使い込む額がどんどん大きくなっていく。嘘を嘘で塗り固めていくうちに、身動きが取れなくなるんだ。

ただでさえ態度の大きいあいつの悪評は、それ以前から耳に入っていたんだ。例えば、俺がKに頼んだ雑務を、あいつは、その頃事務所に出入りしていたECDにそのまま振ったりしてさ。ECDってKより5歳ぐらい年上なのに、顎で使うんだよ。それ以外にも、俺の目が行き届かないところでひどいことを繰り返しているらしかった。

事務所も好き勝手に使ってた。ある朝、俺がオフィスのドアを開けたら、ジャージを着たドレッドの見知らぬ黒人が煎餅布団敷いて寝てるわけ。戸惑いながら「ハロー」って挨拶したよ。後になって分かったんだけど、あれ、ソウルⅡソウルのジャジー・Bだったんだ。売れる前にDJとして来日してた時、Kが事務所を宿として提供してたのよ。そういや、その後は、YOU THE ROCK★が寝泊まりしてた時期もあったっけ。

さて、横領された金を取り戻そうと、俺は弁護士に相談した。総額1500万円のうち、しっかり証拠が残っているのが800万円。その金を取り返すには、刑事罰には目をつぶってKの親との示談に持ち込むのが賢明だということになった。交渉を重ねた結果、800万円を返させるってことで妥結したのよ。

ところが、その後、親がバックレちゃってさ。催促の電話にも出なくなって、しまいには支払いから逃れるために偽装離婚までしやがったんだよ。結局、数十万円しか取り戻せてない。まあ、子も子なら親も親だよな。こんなことなら、ちゃんと告訴して刑務所にぶち込んでもらった方がましだった。

K本人は、ニューヨークに逃亡したとか、いろんな噂があったんだけど、今は、さすがに東京の音楽業界とは離れたところで、よりにもよって何だか人の道を説くような仕事をしてるらしい。一体、どの口で言うんだと思うよ(笑)。

この一連の劇的な顚末は、映画にでもしてもらいたいもの。『ボヘミアン・ラプソディ』ぐらいにはヒットするんじゃないかな（笑）。

思い出すといちいち腹が立つけど、笑える話だよ。この手のエピソード、日本じゃ珍しいけど、アメリカのヒップホップの業界に行ったらいっぱい転がってそうじゃん。

さんざん迷惑はかけられたけど、Kは、音楽的センスに関してだけは確かなものを持っていた。そもそも、あいつがいなかったらビブラストーン自体が存在しなかったからね。複雑な気持ちだよ。

この時期の自分は、俄然、ハウスに興味を引かれるようになっていた。

日本にヒップホップが入ってきてから、ハウスが入ってくるまでの間って、大してタイムラグはなかったと思うんだ。だから、こっちじゃどちらも黒人発のダンスミュージックとして一緒くたにとらえてたけど、実際にアメリカに調査に行った人間の話を聞くと、その両者に接点はまったくなかったという。

確かにそうでさ、まったく違う文化なんだよね。ハウスはゲイカルチャーから生まれたけど、ヒップホップの世界にはゲイがいなかった。ヒップホップ側の人間って、ゲイっぽい価値観をあからさまに嫌うじゃん。

技術的なことを言うと、ヒップホップよりも、ハウスみたいな四つ打ちの方がビートを作るのは難しいんだよ。

四つ打ちって、拍の頭に必ずキックが鳴るじゃん。ベースも一緒に鳴るじゃん。そこだけ突出して低音が膨らんじゃう。それが厄介なんだ。全体をミキシングする際、そこに圧縮を施すと、ハウスっぽい感じが出ない。

ヒップホップの場合は、シンコペーションが多いから音圧を分散させることが可能なのよ。でもハウスにはシンコペーション、つまりリズムのずれがないから、グルーヴというものを生み出すことがものすごく難しい。

ハウスの祖に当たるディスコは基本的に生演奏だから、バランスを取りやすい。でも、ハウスみたいに全部機械で打ち込むとなると、音のバランスが取りづらいんだ。

ということで、ここはいっそハウスを極めてやろうと思ってさ、機材を使いこなすことに関心が向いてきた。その結果、試行錯誤を経て解決策にたどり着くことができたんだ。

機材の話でいえば、80年代前半、日本のメーカーであるローランドから、808や909といったドラムマシンが次々と発売されたじゃない。ところが、イギリスからリン・ドラムというドラムマシンが登場してみたら、これが本物の生ドラムそっくりの音なのよ。それ以降、再現のリアリティに劣るローランド製品は急に人気を失っちゃったんだ。

その結果、808や909は中古屋で投げ売りされるようになっちゃった。俺も、1万円ぐらいで買ったからね。アメリカのヒップホップやハウスの界隈の人たちも、最初は、ただ単に安いから買ったってだけなのよ。

しかしその後、８０８や９０９はその響きのオリジナリティが評価されるようになっていく。ハモンドオルガンは、当初はあくまでもパイプオルガンの便宜的な代用品として使われていたじゃん。でも、やがてハモンドの音色が独自のものとして求められるようになっていった。それと同じ現象が、８０８や９０９において起きたわけ。今、８０８のヴィンテージの実機を買おうとしたら、40万円ぐらいかかるんだよ。

一方、リン・ドラムは、本物のドラムをサンプリングしただけだったから、そのクオリティは、当時の技術で可能だったビット数のデータにとどまっている。だから、今聴くとダサいんだ。その後、サンプリングの精度は飛躍的に高まっていったからさ。結局、確固たるオリジナリティを持つ８０８や９０９の音色が残ったというわけ。

この当時の俺のメイン機材は、ヤマハのＱＸ１というシーケンサーだった。

周りではＮＥＣのパソコンを使ってる人が多かったんだけど、当時はノートＰＣがなかったから、ブラウン管の重たいモニターを担いで現場に行かなくちゃならない。しかも、当時のパソコンは動作も不安定なのよ。それに比べたら、ＱＸ１はアタッシュケースぐらいのサイズだから、持ち運びは楽。ただ、液晶のディスプレイが小さくってさ。その点、ＰＣの方がモニターは大きいから、やりやすいはやりやすいんだよ。

まあ、俺はとにかくへそ曲がりなところがあるから、多数派には与したくなくって、周囲が

PCとプロフェット5を使ってる時に、QX1とジュピター8を主に愛用していた。

元号が平成に変わった後の89年5月、俺は小泉今日子に「Fade Out」を提供する。作詞・作曲・編曲すべてを俺が手がけている。

「Fade Out」のコンセプトは、ハウス歌謡だった。昔、橋幸夫が歌っていたリズム歌謡の現代版だね。俺の中では、ハウス歌謡と歌謡ハウスは違うんだ。ハウス歌謡は、最終的には歌謡曲というジャンルに入る。じゃあ歌謡ハウスはどんなものかと言えば、寺田創一が手がけた島田奈美の楽曲のリミックスなんかがそれに当たる。大前提として、ここで俺は、歌謡曲を作りたかったんだ。

このオファーがなぜ舞い込んだかというと、キョンちゃんが小暮徹さんとこぐれひでこさんの夫妻と仲がよくてさ。小暮家に出入りしていた中でハルヲフォンのレコードを耳にしたことから、俺という存在に興味を持つようになったらしいんだ。

それに、ビクターでキョンちゃんのディレクターを務めていた田村充義さんと俺は、以前一緒に仕事をしたことがあった。80年代初頭、YMOジュニアという触れ込みでコスミック・インベンションという中学生バンドがデビューしてるんだけど、その担当が田村さんだったの。

俺、このバンドが82年にリリースした「プラトニック学園」ってシングルの両面に歌詞を提供してるのよ。どちらも、作編曲はYMOの細野さん。B面の「コズミック・サーフィン」では、ＹＭＯの同名インストに歌詞を乗せるという無茶な試みに挑んでいるんだ。

コスミック・インベンションでキーボードを弾いていた井上ヨシマサは、その後、作曲家・編曲家として名を成すことになる。例えば、ＡＫＢ48がオリコン1位を獲得した「ＲＩＶＥＲ」「Beginner」はあいつの作品なんだ。

キョンちゃんのプロジェクトに関しては、当初、アルバム一枚まるごとのプロデュースを頼まれたんだけど、スケジュールが立て込んでて、そこまでは対応できなくてさ。10曲中5曲を俺が制作し、残りに関しては、俺が指名した井上ヨシマサと小西康陽に作ってもらうことになった。このアルバムが『KOIZUMI IN THE HOUSE』となる。

ちなみに「Fade Out」は、オリコン2位を獲得している。俺の提供曲のチャートアクションとしては、「恋のぼんちシート」と並ぶ記録になった。


マネージャーのＫに去られた俺は、当時、ＳＦＣ音楽出版（現ウルトラ・ヴァイヴ）という会社を経営していた高護《こうまもる》さんにお願いして、ビブラストーンのマネジメントを引き受けてもらうことにした。大学を出て入社したばかりの高塚洋という男が、マネージャーとしてついてくれることになったんだ。

そして、89年12月、ＳＦＣが手がけていたインディレーベルであるソリッドから、近田春夫&ビブラストーンのデビューアルバム『Vibra is Back』がリリースされる。

このアルバムは、高さんの提案で、全曲DAT一発録りのライブ音源を集めたものとなった。DATって言っても若い人には伝わらないかもね。デジタルオーディオテープの略称で、すごく音質がよかったんだ。

俺はそれまで、レコーディングとライブは別物だと思っていて、ライブ盤を出した経験がなかったから、これはちょっとした挑戦と言ってもよかった。

でも、結果として本当にいいものができた。この時点で、もうバンドとしてほぼ出来上がっちゃってるんだよね。実は、この後にポニーキャニオンから出るアルバムより、ずっといいと思ってるぐらい。ひょっとすると、近田春夫の全キャリアを通しても、一番好きなアルバムかもしれない。

近田春夫＆ビブラストーン
『Vibra is Back』（1989）

ラストショー　1991-96ビブラストーン解散　17

この後、ビブラストーンにはいろんなメジャーレーベルから声がかかったんだけど、高さんは、どの会社の提示する条件が有利か、品定めを続けていたんだ。その結果、ポニーキャニオンと契約を結ぶことになった。

当時のポニーキャニオンは、イメージとしちゃヒップホップはおろかロックからもほど遠いレーベルだったんだけど、高さんの粘り強い交渉のおかげで、かなり手厚い経済的バックアップが得られることになったらしい。ポニーキャニオンの山内毅《たけし》さんというディレクターが、ビブラストーンに対して情熱を持っていたことも大きかった。

そして、91年7月に、アルバム『ENTROPY PRODUCTIONS』でメジャーデビューを果たす。ここで、バンド名は俺の名前を冠することのない「ビブラストーン」となった。

アルバムの表題は、アメリカの経済学者、ジェレミー・リフキンの『エントロピーの法則』という著書から採ったのよ。邦訳は、東大名誉教授で科学雑誌「Ｎｅｗｔｏｎ」の編集長だった竹内均が手がけてるんだ。

世の中にいろんな物理法則がある中で、唯一絶対的なものはこれしかないと膝を打ったね。平たく言うと、「覆水盆に返らず」みたいなもん。例えば、12色の粘土を一緒にこねると、最初はマーブル風になって美しいんだけど、最後は全部混ざって灰色になってしまう。決して元に戻ることはない。

すべては秩序から無秩序へと向かう。そのエントロピーの増大に加速度をつけているのは、自然じゃなくって我々人間なわけよ。その事実が興味深くってさ。

まだレコード業界の景気も右肩上がりの時期だったから、ポニーキャニオンも相当お金かけてくれて、都心のいろんな場所にビルボード広告を打ったのよ。「調子悪くてあたりまえ」という収録曲の名をデカデカと記した看板でさ。

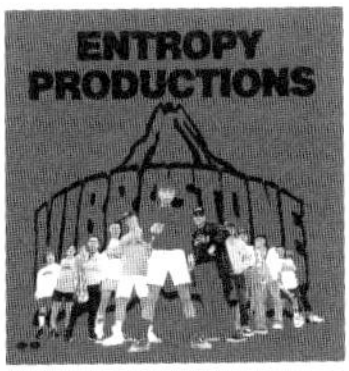

ビブラストーン
『ENTROPY PRODUCTIONS』（1991）

ところが、誰もCDの広告とは思ってくれなかったんだよね。新興宗教とか自己啓発セミナーの類かと思われちゃったらしい。だから、あんまりセールスには結びつかなかったかも。

このアルバムのクリエイティブディレクションを手がけたエディターの川勝正幸は、ジェニー・ホルツァーとか、当時の現代アートの最前線の作家の名前を引き合いに出してあのビルボード広告を評価してくれたんだけど、まあ、普通はそんなコンテクストまで読み取ってくれないもんな。

この曲名がどこから生まれたかというと、誰だったかは忘れちゃったんだけど、知り合いに、どこか体調のよくない人がいてさ、「近田さん、調子悪くてあたりまえですよ」ってこぼしたのよ。それが心に残っててさ。

俺、当時は体こそどこも悪くなかったけど、言われてみれば、誰だって毎日、うまくいかないことは何かと多いわけじゃん。

ってことはさ、これは普遍的な真理だと思ったのよ。みんなが実感してるけど、それに輪郭が与えられていなかった概念を言語化することができたなと。

これは完ちゃんから聞いたんだけど、リリー・フランキーが、スパイク・リーの『ドゥ・ザ・ライト・シング』を日本に置き換えれば「調子悪くてあたりまえ」になるんだと言ってくれたらしい。うれしかったね。

「人間バーベキュー」(作詞・作曲/近田春夫)では、〈「戦争反対!!」〉という歌詞が繰り返されるけど、あれは、楽曲の設定として、ブラウン管にシュプレヒコールの模様が映し出されているというだけであって、特に俺が「戦争反対」というメッセージを発しているわけじゃない。まあ、何となくもっともらしいじゃん。

でも、それを真に受けた音楽評論家なんかが、シリアスな顔してインタビューしに来るわけよ。それがおかしくってさあ。

92年1月には、ミニアルバム『フーディスト村』をリリースする。

ここには、『ENTROPY PRODUCTION』の収録曲「パブリック・エネミー」を、本家パブリック・エネミーのプロデューサーのひとりであるエリック・サドラーがリミックスしたヴァージョンが収められている。

ビブラストーン
『フーディスト村』(1992)

まあ、芸能の世界では、常に新しい話題を供給していかないとアーティストの存在自体が忘れられちゃうから、そこをつなぎ留めるための話題作りではあったんだけどね。

このジャケット写真で俺がかぶっているキャップには、「HOODIST」という文字が記されたプレートが掲げられている。これは、もともと参宮橋の駅前で八百屋を営んでいた高さんが、市場でのセリの時にかぶっていたという帽子からヒントを得たんだよね。

この少し後だったと思うんだけど、その高さんと俺との間に亀裂が入った。

というのも、ビブラストーンにおいて俺と一緒にフロントでマイクを握っていたDr.Tommyと高さんの折り合いが悪くなっちゃってさ。確かにＴｏｍｍｙは癖の強い人間で、俺自身も、付き合いづらい部分があるなあとは思っていた。だけど、２ＭＣというスタイルを崩すことについては慎重でありたかったんで、ここはちょっと我慢してやっていこうと思ったのよ。

そしたら高さんが、Ｔｏｍｍｙをクビにしないんなら自分はマネジメントを降りると言い出した。そのことについて、俺と高さんのふたりで、赤坂プリンスのコーヒールームでずーっと話し合ったことを覚えてる。

結論として、ビブラストーンはＳＦＣを離れることになった。しばらくは俺が個人としてマネジメントを行うことにしたんだけど、高さんも心配したのか、出向みたいな形で、これまで通り高塚をマネージャーにつけたまんまにしてくれたのよ。

この年の6月には、毎年ニューヨークで行われていた「ニュー・ミュージック・セミナー」に出演する。日本からは、他に少年ナイフとピチカート・ファイヴが参加していた。

このちょっと前に、実は、Dr.Tommyをいったんクビにしたんだ。いろいろこらえながらやってきたけれど、やっぱり、高さんの言ってることは正しかった。俺もいっぱいいっぱいになっちゃって、あいつを切ったの。

性格的に苦手だってこともあったけど、あいつから関西弁の癖が抜けないことも理由としては大きかった。

例えば、関東の人間が「贅沢」という時は「た」にアクセントが置かれるんだけど、関西人の場合は「ぜ」にそれが置かれる。

あと、関西弁は母音を強調するじゃん。東の人間が言う「僕」は、ローマ字で音写すると「bok」なんだよ。「く」の母音はほぼ消失する。それに対して、関西弁の「僕」は「boku」となる。どうしても、何かまったりしちゃうのよ。

ラップにとって、発音は重要な問題なんだ。そこに違和感を覚えたから、Tommyにはクビを言い渡さざるを得なかった。

ところが、ポニーキャニオンがそれは困るって言ってきたわけ。ジャケット写真に載っている人間が欠けるなら、ニューヨーク行きの費用は一切負担できないってさ。みんな海外に行けるのを楽しみにしてたのに、ここでおじゃんになるのはかわいそうじゃん。だから、脱退させた決断を撤回して、Ｔｏｍｍｙには戻ってきてもらった。

同じ年の12月、ビブラストーンはフランスのレンヌという都市で毎年開催される「トランス・ミュージカル」というフェスティバルに参加。それ以外にも、３カ所ぐらいでライブを行った。

その年の3月、フランスからＦＦＦというミクスチャーバンドが来日した時に、ビブラストーンは対バンとして渋谷のクアトロに出演したのよ。そしたら、彼らがビブラのことを気に入ってくれたらしく、フランスの文部省みたいなところに働きかけた結果、このツアーの話が持ちかけられたんだと思う。

何しろ俺たちは大所帯のバンドだからさ、そういう公的なサポートがないと、経費がかさみすぎて実現は難しかったんじゃないかな。飛行機やホテルといった面での待遇もちゃんとしてたから、文化交流のプロジェクトとして認められたものだったんだろうね。

観客の反応はすごくよかった。何ひとつビブラストーンのことを知らない現地のオーディエンスの前で、意味の通じない日本語のラップを披露しているのに、国内でやってる時と同じようなレスポンスが得られたからさ。こっちは、現地に媚びたり日和ったりするようなことは一切やってないのよ。

俺、結構神経質な方だからさ、たとえ客が1万人いたとしても、ひとりでもつまんなそうな人がいるとそこに目が行っちゃうんだ。でも、フランスにしてもニューヨークにしても、お客さんの表情や動きを見ると、これは成功だなと実感した。自分たちの音楽がどこでも通用するという自信を得ることができたんだ。

ビブラの海外公演には全メンバーが参加してくれたんだけど、中には普通の会社に勤めるサラリーマンもいたからね。長い休みを取ってよく付き合ってくれたと思うよ。

ちなみに、この時期のホーンセクションのうち、トロンボーンの梅沢幸之助とアルト&バリトンサックスの瓶家《へいか》潔は、東大卒の会社員だったんだよ。意味もなく学歴の高いバンドだった(笑)。瓶家は今、本名の栗原潔名義で知的財産の専門家として活躍している。知財関連でトラブルが起こったりすると、Yahoo!トピックスに彼の書いた記事が採り上げられたりするんだ。

なお、トランペットの都並清史《つなみきよし》もサラリーマンとの兼業だったんだけど、彼の弟はJリーグで活躍した元サッカー日本代表の都並敏史《さとし》なの。まあ、考えてみれば、いろんな意味で多士済々のバンドだったよな。

93年2月には、ビブラストーンのセカンドアルバム『Smile!! It's not the end of the world』がリリースされる。

このアルバムのジャケットとして、俺が最初に考えていた案があったのよ。海外旅行のお土産なんかのジョークグッズに、注射器の格好をしたチープなボールペンがあるじゃん。あのペンで、手首の内側辺りに「Smile!! It's not the end of the world」という題字を記す様子を写真に撮ったら面白いんじゃないかと思ってさ。ところが、このアイデアは「絶対に無理です」というポニーキャニオンの猛反対を受けて却下された。

まあ、そこで突っ張ってもしょうがないから、集合写真の中の俺一人にクローズアップしているような、何てことのない現行のジャケットに落ち着いたわけ。ただ、その経緯を知ってから眺めると、俺の表情に怒りがにじみ出ているのが分かると思うよ。

このアルバムのプロデューサーは、OTOと渡辺秀文という双頭体制。

ビブラストーン加入当初のOTOは、何となくじゃがたらから借りてきたっていうイメージが強かったんだ。じゃがたらでのOTOは、音楽面以外の人間関係も含めたまとめ役を担っていた。あのバンドは個性的なメンバーが多いから、それがかなり大変なわけ。

ビブラに関しては、そういう厄介な部分は俺が引き受けるし、曲も俺が全部作るから、OTOはとにかくギタリストとして縦横無尽に暴れてくれればいい。そういう自由なポジションをあいつに用意していたんだ。

だけど、バンドが成長していくにつれて、OTOの中にもいろんなアイデアが生まれていった。じゃあ思い切って任せてみようってことで、プロデューサーの座を譲ったの。

もう一人、プロデュースに名を連ねている渡辺秀文は、CM音楽の制作プロダクション、ミスターミュージックのプロデューサー。俺個人のCMの仕事をずっと一緒にやってきた仲間なんだ。彼は、ディレクションのみならず、ミキシングもこなすことのできる珍しいタイプ。もともとドラムを叩いてた人間だけあって、グルーヴについてもきちんとした理解があった。

実は、プレジデントBPMの『HEAVY』でもプロデューサーを務めていたんだけど、何かの手違いでそのクレジットがプリントされてなくってさ。本当に申し訳なかった。いつかはちゃんとアルバム一枚のプロデュースをしてもらいたいと思ってたんだ。

このアルバムでは、俺以外のメンバーが作曲や編曲に関わるようになった。ファーストの頃と比べると、みんなのヒップホップに対する理解が深まってきたからね。俺が口三味線で指示していたアレンジも、少しずつメンバーが分担してさ。それぞれのカラーが反映されるように

ビブラストーン
『Smile!! It's not the end of the world』（1993）

なったんだ。

先行シングルの「TVドラマはすべて現実?」は、当時、MEN'S5という別のバンドでも活動していたテナーサックスの佐藤公彦とギターの岡田陽助が、作編曲だけじゃなく作詞まで手がけている。毎回毎回、俺ばっかりが詞を書いてると視点が一定化しちゃうから、違う角度から切り込んだ詞が欲しいと思って頼んだんだ。ただ、自分が書いてない詞は、体に沁み込むまで時間がかかるね。

「宇宙人」の歌詞は、若い頃に読んだ三島由紀夫の「美しい星」に影響を受けて書いたもの。とか言うといかにも読書家みたいだけど、俺、三島の小説で読んだことがあるのはあの一冊だけなんだ(笑)。三島のイメージからはかけ離れたSF仕立てで、フィリップ・K・ディックにも通じる感覚がある。

「[ハードコア]憎悪」みたいなタイプの曲も増えた。プロデューサー的な立場に自分を置くと、どんどん刺激を強くした方がいいのかなと考えてしまうんだ。劇画の原作者みたいな気持ちだよね。今読むと、この歌詞は、あおり運転の問題を予見しているよう。

94年4月には、近田春夫名義で『演奏しよう! バンドっておもしろい』という児童書がポプラ社から刊行されている。

俺の口述を編集スタッフがまとめてくれたんだけど、ビブラストーンって、人数にしても編成にしても平均的なバンドじゃないからさ、どこまで役に立ったかは分からない。ただ、版元の力からか、面白いことに、公立の図書館には結構納入されてるんだよね。

ビブラストーンって大所帯じゃない？　ちょっと打ち合わせしようと思っても、10人以上がパッと座れる店ってあんまりないんだよ。特にあの頃、地方に行くとファミレスなんか少なかったからさ。そう考えると、同時期に結成されたスカパラが続いてるのは偉いと思うよ。

ここでビブラの経済構造を説明しておきたい。リハーサル費用とその他の諸経費はリーダーの責任として俺が負担した上で、ライブやった時に入ってくるお金は、全員均等に頭割りして払ってたんだ。

ただ、このバンドのメンバーはみんな、ビブラストーンとしての収入に頼らずとも、ちゃんと他に稼ぐ口があったのよ。俺はCM音楽で生計は十分成り立っていたし、他のメンバーはセッションミュージシャンとして引き合いが絶えなかった。さらには、一流企業に勤めるサラリーマンまでいたわけだからさ。むしろ、全員のスケジュールを合わせることの方が大変だったぐらい。

ここまで、マネージャーの高塚に手伝ってもらいながら何とかバンドの運営を続けてきたけれど、さすがに会社組織の後ろ盾がないと、特に経理関係なんかの面で、いろいろ不都合が生じるんだよね。

ということで、新たに所属先を探した結果、アイ・セクションという事務所が面倒を見てくれることになった。

この会社を紹介してくれたのは、コロムビアからBPMにかけてお世話になった三野明洋さん。三野さんはアリスを中心として設立されたヤングジャパンというフォーク系の事務所とつながりがあったから、ヤンジャ出身の中川文彦さんが代表を務めるアイ・セクションとの間を取り持ってくれたんだ。

高塚も、正式にSFCからアイ・セクションに移籍することになり、ビブラストーンのバックアップ体制は何とか落ち着いたんだ。


94年9月には、結果としてビブラストーンにとって最後のアルバムとなる『NATIONAL』がリリースされる。

この作品には、ちょうどあの頃流行っていた西海岸のGファンクの影響が色濃い。つまり、ドクター・ドレーやスヌープ・ドギー・ドッグのサウンドってことね。

彼らの楽曲を特徴づけている高音のシンセのフレーズの使用法を意識しながら、ビブラならではの新しいサウンドを作ろうと模索していたんだ。

Gファンクのラップは、ライミングにもこだわらないし、符割も合ってんだか合ってないんだか分からない。それこそが、日本語ラップの参考になると思ったのよ。

ビブラストーン
『NATIONAL』（1994）

とにかく、日本語として普通の発音を行いながら、歌詞をビートに無理なく融合させるか。そのことを真剣に考えた。そのスタイルは、このアルバムで完成されていると思う。

俺、もともとNWAの時代から西海岸のラップが好きだったのよ。日本のリスナーはもっぱらニューヨークっぽいラップが好きだったから、NWAはヤンキー的なものとして馬鹿にされてたじゃん。まあ、イージー・Eなんか見ると本当にチンピラみたいなもんなんだけどさ。でも、あの時代から音そのもののクオリティは純粋によかったんだよ。

俺、とにかくヤバい感じが好きだから。逆に、デ・ラ・ソウルとかア・トライブ・コールド・クエストとか、あの手のラップはフォークソングみたいにしか思えなくてさ。

その後、改めてGファンクというジャンルに触れた時に確信したことがある。今後、アートフォームとしてのヒップホップにおいて革命的な変化は起こらず、ひたすら質の向上に専心することになるだろうってね。

だって、ドクター・ドレーは、『The Chronic』なんかのアルバムにおいて、Pファンクのフレーズをビニール盤からサンプリングするんじゃなく、プレイヤーを雇って弾き直させている。だから、音質はいいに決まってるわけよ。

ここから先は、ポップミュージックの商品としての競い合いにしかならないと思って、急速にヒップホップから興味が失せたんだ。実際、俺は、世間一般の若者がやっているラップとは違う境地に到達してていたしね。

このアルバムの歌詞は、リアルタイムの記録として貴重だと思う。バブルの恩恵を受けることなく、ワンルームマンションで将来に対する展望も描けず孤独に暮らさざるを得なかった社会人の生活感を描いていたりさ。

でも、当時はあくまでも、すさみつつある社会の状況をデフォルメして脚色したつもりだった。ところが、四半世紀が経ち、長らく続く経済停滞に伴い、それが身も蓋もない事実として立ち現れてきた。洒落にならない状況になってきちゃった。

本当に、ごく最近書いたとしか思えない生活の実感にあふれているんだ。

表題曲の「NATIONAL」なんか、今聴くと、まるで安倍政権以降の社会の右傾化を歌ってるみたいじゃん。

予言が的中したことはアーティストとして誇らしいけれど、ひとりの国民としては、喜んでもいられない。嫌な気持ちだよ。

　このアルバムでは、プロデュースとアレンジのクレジットをビブラストーンに統一している。手柄を特定の誰かに帰すことなく、共有すればいいかと思ったんだ。

　ジャケットは、アフリカ辺りの軍事政権の独裁者を意識してみた。食人大統領アミンとか、あんな感じね。


　プレジデントBPMからビブラストーンまでの活動時期を通じて、ずっと心の底に沈殿していた思いがあった。それは、ラップの歌詞を作るという行為そのものに関すること。

　ラップの歌詞ってさ、普通のポップスの例えばラブソングとは違って、再生産が難しいのよ。ラブソングなら、同じようなシチュエーションで違う歌詞をいくらでも書けるじゃん。

　つまりラップの歌詞は、一つのモチーフに対しては一つの曲しか作れないんだよ。少なくとも俺はね。いかにも自分がリアルに経験してきたような体で歌詞を創作してきたわけだけど、一曲作ったら、次は、全然違うお話をこしらえなくちゃならない。

　だんだん自分が面白がれる歌詞の素材も少なくなってきたし、『NATIONAL』を作り終えた後は、そろそろ限界かなと思っていたのは事実なんだよね。

　ちなみに、『NATIONAL』リリースの直後には、ビブラストーンの歌詞集『VIBE RHYME』が刊行されている。

ビブラはあえてCDに歌詞を記載してこなかったから、ここで初めて正しい歌詞を知ったリスナーも多かったんじゃないかな。

プレジデントBPM時代の歌詞も収められたこのお得な一冊、長らく入手困難だったんですが、19年にスモール出版よりめでたく復刻されましたので、ぜひお買い求めください。

この頃、Dr.Tommyがビブラストーンを脱退する。2MCの片割れが抜けたことで、これまでのレパートリーを演奏することが難しくなった。

と同時に、ヒップホップに関しては作るコツが分かっちゃったんで、ハウスへの興味が再燃してきた。繰り返し言うけど、俺、どんなジャンルでも、いったん仕組みを把握するとあとは飽きるだけなのよ。

自分以外のメンバーはその頃、Pファンクみたいに仕掛けの多い演奏に傾斜していたんだけど、俺一人がミニマルなビートに惹かれていった。

ライブでも、俺はまったくラップをしなくなり、キーボード奏者としてオスカーというシンセを弾くようになった。そして、四つ打ちに合わせて生で延々と楽曲をミックスするような構成に変わっていったんだ。

すると、なまじビートが単純なだけに、達者揃いのメンバーは演奏において自分の個性を打ち出そうとする。だから、アバンギャルドなサウンドになっちゃうのよ。

俺としては、もうちょっとコマーシャルなディスコっぽいサウンドにしたかったんだけどさ。コモドアーズみたいなことをやりたかったんだ。その辺のニュアンスを上手く説明できなかった俺も悪かったと思ってる。

ビブラストーン末期の1年ぐらいは、俺が直接マネジメントを手がけるようになっていた。だから、均等割りで支払っていたギャラの中から、一定のパーセンテージでマネジメント手数料をもらうことにしてたのよ。96年に解散する段階では、その総額が200万円ぐらいまで積み上がっていた。

最後にメンバー全員を集めて、「これは本来なら俺に受け取る権利があるお金なんだけど、解散することが決まった今、全員に均等に分け与えたいと思う」って言ったわけ。

誰か一人ぐらい、「いやいや、それは近田さんが取っといてくださいよ」って言うかなと思ったけど、誰もそんなことを申し出ることなく、黙って金を受け取っていた（笑）。世の中こういうもんだと勉強したよ。実利の問題じゃなく、ちょっと淋しく思ったのを覚えてるけどね。

Lunatic Dancer　1996-2006 トランスとの出会い　18

あれはビブラストーンの末期だった。霞町で自分たちのバンドのライブが終わった後、遊びに来ていた友達に「この後、テレビ朝日通りのクラブでゴアトランスのパーティがあるから行こう」と誘われたんだ。

ちょっと一杯飲みに行くかぐらいの気持ちで「ジオイド」というクラブに足を踏み入れたら、何だかユーロビートにインチキくさいエキゾティックなフレーズをまぶしたような音楽が大ボリュームで鳴り響いている。

当時まだヒップホップ畑の人間だった俺にしてみればさ、それはもう、嫌で嫌でしょうがないような類のサウンドなのよ。

そこで踊ってる人間の出で立ちも怪しくてさ。横浜の中華街にある「チャイハネ」って店で買ったようなエスニックな雰囲気の衣装に身を包んでいる。そして、インド風のお香が焚かれているわけよ。すべての要素が、俺が身を置いてきた文化からほど遠かった。まったくもって馴染むことができない。

その日は、朝までそこにいたんだけど、家に帰ってからも、ものすごく嫌なものだったなという強烈な違和感が頭を離れない。ひょっとしたらこの嫌悪は、自分にとって意味があるんじゃないかと思うようになった。ちょうどヒップホップにも飽きていたしさ。早速、レコード屋に行って、ゴアトランスという仕切り板のついたエサ箱から根こそぎCDを漁ってきたわけ。

嫌々ながらずーっと聴いているうち、そのアクみたいなものが癖になってきた。ホヤを最初に食べた時は、何だこれって思うじゃん。ところが、その味覚が忘れられなくなってくる。俺にとってトランスはホヤだったんだ。

トランスのパーティに来ている客層がまた不思議でさ。いわゆるトラベラー、つまりヒッピーめいた外国人がいっぱいいるわけ。

話を聞いてみると、「今朝成田に着いたばかりなんだけど、友達がここで踊ってるっていうから来てみたんだ」とか言うの。もう、わけが分からないぐらいタフなやつらでさ（笑）。まだインターネットも満足に普及していない時代に、不思議なネットワークが構築されていたことに驚いたね。

自分なりにリサーチを進めたところ、トランスのパーティの客にはイスラエル人が多いことが分かった。イスラエル軍の兵役を終えた若者が、その直後の休暇を使って世界を放浪し、その途中で各国のクラブに立ち寄っているというケースもよく目にしたね。

ゴアトランスは、その名の通り、インド西海岸にあるヒッピーの聖地、ゴアで生まれたテクノの一カテゴリー。それがイスラエル人に愛され、かの国で発展をとげている。

俺、それまでに持っていたあの国に関する音楽的な知識といえば、「ナオミの夢」を歌ったヘドバとダビデがイスラエル人だったなってぐらいのもん。だから意外だったよ。

とにかく、俺が触れてきたロックやヒップホップといったジャンルとは何もかもが違っててさ。その得体の知れなさにずぶずぶとハマっていったんだ。何しろ、旅行が好きじゃない俺が、あの時期はイスラエル行きを企てたからね。父親の調子が悪くなったんで、直前になってあきらめたんだけどさ。

俺、ある音楽を好きになる時、その背景には一切影響を受けないんだよね。ただ抽象的に、音の面白さだけに引きつけられるのよ。

四つ打ちという意味で言えば、ビブラストーンでもハウスの手法はすでに採り入れていた。でも、ゴアトランスの場合は、まずもってハウスとはキックの音が違う。「あのキック、どうやって作るんだろう」「シンセは何を使ってるんだろう」ってところに興味が湧いてきて、とにかくゴアトランスっぽい楽曲を自分で作らなきゃ気持ちが収まらなくなった。それからは、日夜ひたすらその研究に没頭したよ。

ということで、97年に入ってから、俺は3種類の名義を使い分け、立て続けにゴアトランスのシングルを6枚発表する。

Afromixとして「４４４」「ｗｏｒｍ」、SCSI-TR《スカジーティアール》として「SCUTTLE SHAKE」「HOT ROD 2001」、そして、NO CHILL OUTとして「Black Light」「FUNKY-ZERO」。

これらのシングルは、俺がよく共同作業をしていたCM音楽のプロダクション、グランドファンクが立ち上げた「RED ALERT」というレーベルからリリースされている。

ただ、今になって厳しい耳で聴いてみると、まだトランスには至ってないんだよね。ＢＰＭからしてトランスとは違う。まあ、他にはない変なものとして、あの一連のシングルは面白いものになっていたと思うよ。

その後も研鑽を続け、ようやく誰が聴いてもトランスだと思えるような堂々たるサウンドを生み出せるようになるまでは、結局5年ぐらいの歳月がかかったね。


シングルをリリースした頃から、俺は「ａｎｏｙｏ」というトランスのパーティのオーガナイズグループとの関係を深めていく。

渋谷センター街の奥にＢＥＡＭってビルがあって、そこに「J-POP CAFE」といういい場所があったのよ。まあ、名前はすごいんだけどさ（笑）。ここを拠点として、ａｎｏｙｏは定期的にパーティを開催していた。

そのうち、ａｎｏｙｏを主宰する白木隆という男が、パーティに出入りしていた4人のＤＪ

やトラックメイカーを集め、The Lunatic Thunderというユニットを結成することになった。メンバーは、UKIASHI、USCUS《アスカス》、OMB、そしてRICEこと俺。４人の間には全然面識がなかったのよ。だから、自然発生的なものじゃない。ジャニーズのグループみたいにメンバーがピックアップされたわけ。一番若いＯＭＢは、俺の25歳下だったからね。もう、親子みたいなもんだよ。

ａｎｏｙｏのパーティでは、この４人が各自ソロのパフォーマンスを披露してから、最後にThe Lunatic Thunderとして再登場するという形を取っていた。俺は皿を回すＤＪはやりたくなかったから、シーケンサーを持ち込んでライブミックスをこなしたんだ。

その後、ａｎｏｙｏの事務所に籠って４人でずーっと曲を作っていくうちに、お互いのノウハウを盗み合い、切磋琢磨しながら成長することができたと思う。あの時の経験は、今の俺にとってものすごく大きいよ。

ａｎｏｙｏと出会ったことをきっかけに、機材も一新した。それまではずっとヤマハのＱＸ１というシーケンサーを使い続けていたんだけど、Ｃｕｂａｓｅという音楽制作ソフトをパソコンにインストールすることにしたんだ。

当時、一般的にはPro Toolsを使うミュージシャンが多かったんだけど、テクノやトランスの界隈ではＣｕｂａｓｅを愛用する割合が高くてさ。周囲の仲間と一緒に音楽を制作する際の互換性を考えてＣｕｂａｓｅを選んだわけ。

そこからある程度、手足のように使えるようになるまでには半年を要したね。メンバーに「これ、慣れるまで何年かかる？」と聞いてみて、「まあ、10年ぐらいかかるんじゃないですか」と返ってきた時は真っ青になっちゃったよ（笑）。

ピアノだってバイオリンだって、一人前に弾けるようになるまでは10年はお稽古しなくちゃならないもん。これも楽器だと思えば当たり前だよなと納得したけどさ。

その成果として、03年にはThe Lunatic Thunderのアルバム『Kingdom Come』がリリースされた。

同じ年に、俺はＲＩＣＥ名義で『B.P.M. syndicate』というソロアルバムも発表している。

テクノもハウスもヒップホップもそうなんだけど、ＤＪが主導権を握る音楽において、一番重要なのはテンポ合わせなわけよ。ダンスミュージックの共通言語としてのＢＰＭを通じて、世

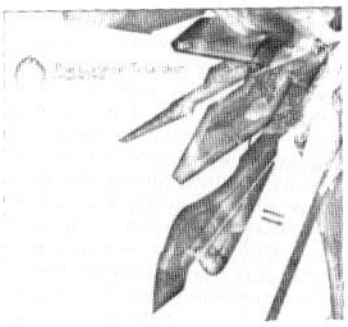

The Lunatic Thunder
『Kingdom Come』（2003）

RICE
『B.P.M.syndicate』（2003）

界中のDJたちはつながっていることを表現したかった。

今も、The Lunatic Thunderは解散したわけではない。各メンバーとはその後もずっと交流が続いている。特に最年少のOMBとは、今も共同作業を行っているんだ。


anoyoは、渋谷でのパーティ以外にも、各地の野外でレイブを開催していた。それがとにかく楽しかったんだよね。

98年に新島の海岸でやった時には、俺、演者でも何でもない単なる客として駆けつけたんだけど、結局はスタッフの一員として、誘導灯を振って道案内してたよ。そのぐらい手作りだったんだ。行き当たりばったりだったから泊まるとこもなくてさ、海沿いにあるパルテノン神殿みたいな無料の露天温泉でずっと寝てたもん。

anoyoのレイブは、ある時期までは絶好調で、動員も右肩上がりだった。これは世界進出も狙えるかなと目論んで、02年にはニューヨークでもThe Lunatic Thunderとしてのライブを行ったんだ。

06年に富士山麓で行われたanoyoのレイブには、ハルヲフォンのメンバーのうち、俺と恒田と高木の3人が結集し、「ハルヲフォン・リローデッド」名義でライブを披露した。

そもそも野外で行うだけあって、レイブの首尾は天候に左右されやすい。

再び新島でフェスを行おうとした時は、直前に震度6の地震に見舞われ中止に。お台場でやった回は、気圧が極端に不安定で、急な土砂降りに襲われた。佐渡島での開催に至っては、台風が直撃したためにお客さん全員が島に足止めを喰らっちゃったのよ。もう、天候的な運に見放されたとしか思えない。

ちゃんと保険に入っておけば損害は補償されたはずなんだけど、その辺、ａｎｏｙｏは舐めてかかってたんだよね。一時期の大儲けがどんどん目減りしていって、ついには立ち行かないところまで追い込まれた。

トランスの現場に立ち続けたあの時代は、本当に思い出深い出来事ばかりだよ。

コマーシャル・スター　1978-2007 CM音楽の数々　19

タレント廃業宣言以降、自分の主たる収入源となったのはCM音楽制作の仕事だった。最初は、単発的な形でオファーが舞い込んだのよ。あれは78年秋のこと。「ミスターミュージック」というCM音楽制作プロダクションから依頼が来たんだ。この会社は、吉江一男さんという人が経営していた。

俺、中学校の頃にごくごく短期間、八木正生さんというミュージシャンからジャズピアノを習っていたんだけど、その時の兄弟子が吉江さんだったのよ。

吉江さんは、師匠の八木さんが切り盛りする「ARA」という会社で長らくCM音楽のプロデューサーを務めていた。そして、ちょうどこの頃、自分のプロダクションを率いて独立したところだったんだ。

「ミスターミュージック」という吉江さんの新会社の誘いに乗ってまず作ったのが、ロッテの新商品「三角チップ」のCM音楽。テレビコマーシャルには郷ひろみが登場し、CMソングも本人が歌ってくれた。

ここでは、ロッド・スチュワートの「アイム・セクシー」におけるオクターブ奏法を駆使したベースラインを引用している。あまりにも画期的な奏法だったから、その時に呼んだスタジオミュージシャンが譜面を見ながらずいぶん苦労してたことを覚えてる。

ほぼ同時に、白元の「ソックタッチ」のCMソングも作ったんだよ。靴下がずり落ちないようにするため肌に塗りつける、ロールオンタイプの糊みたいな商品ね。

その後、継続的な形でCM音楽に関わることはなかったんだけど、84年に俺がラガッツォを設立した時、いろいろと親身になって金銭面の面倒を見てくれたアミューズ社長の山本久さんが、「近田君は器用にいろんなことできるんだから、安定した運転資金を得るためにCM音楽をやるといいよ」とアドバイスしてくれたわけ。

ということで、俺は旧知の吉江さんに相談を持ちかけ、そこから、CM音楽作家としての本格的なキャリアが始まった。

一番有名なのは、森永製菓「チョコボール」のCMソングかなあ。87年にとんねるずの歌うヴァージョンが放送されてから、今に至るも使用され続けているからね。

あとは、日本コカ・コーラの「爽健美茶」も相当長いよね。あの歌は、95年からずっとCMで流れてるんだ。

それから、戸川純ちゃんが出てくれたＴＯＴＯ「ウォシュレット」。コピーライターは仲畑貴志さん、ディレクターは川崎徹さんという豪華な座組みで82年から放送が始まった。実は、あのサウンドロゴには、意外とたくさんバリエーションがあるんだ。何人かで歌ってるあのロゴの中には、俺の声も入ってると思う。

インパクトのあるサウンドロゴといえば、日清「スパ王」のそれも俺が作ったものなんだ。87年には、ＢＰＭレーベルから宮崎美子の「だからＤＥＳＩＲＥ」という7インチシングルをリリースしている。ＢＰＭから出てるだけあって、ラップなんだよ。そのB面の「タカラ本みりん」っていう曲が、その名の通り宝酒造「タカラ本みりん」のＣＭソング。コピーライターから詞をもらった上で、俺が作編曲を手がけている。

A面は馬飼野康二さんの作編曲で、作詞にクレジットされている「作詞センター」というのが俺のペンネームなんだ。

クライアントに提出するＣＭの制作伝票には作詞者や作曲者の名前の記載が必要なんだけど、そんなの、誰も真面目に見ないからさ。俺はいい加減な名義ばっかり書いてたのよ。「作詞センター」「作曲研究所」「東京アレンジサービス」とかさ。

「小諸鉄矢とCM NETWORK」ってのもあったな。小室が小諸になると途端に田舎くさくなるのよ。「害毒」っていうペンネームで書類を提出した時は、さすがに制作会社の経理の人から怒られたけど（笑）。

とにかくＣＭ音楽の作家は、どんな曲でも作れないといけないんだ。これは得意なんだけどこれは不得意なんて言ってちゃ通用しない。俺は15秒ぐらいなら、ロックからジャズからクラシックから民謡から歌謡曲から、どんなジャンルでももっともらしく作れるわけ。しかも、今はそうでもないだろうけど、昔は譜面が書けなきゃダメだった。

日本でのＣＭ音楽の作曲数において、俺は小林亜星、キダ・タローに次ぐ3位にランクされるという話があるのよ。正確な統計的根拠のない俗説なんだけど、確かにそのぐらい書いてたかなという実感はある。一番多い時は、月に5本ぐらいは作ってたからね。

俺、コミカルなタイプの歌物だけじゃなく、普通の洒落たＢＧＭみたいな曲もいっぱい作ってたんだ。たとえ俺のファンでも近田春夫の作品とは認識してないような、そっちの匿名性の高い仕事の方が、量としては多いと思う。あまりにも膨大だから、作っちゃ忘れ作っちゃ忘れって感じで、どんな曲があったか俺自身も覚えてないんだよね。

歌物の場合は、みんなコピーライターの書いた歌詞があって、それに曲をつける形になっている。１００％詞先《しせん》だよ。

ＣＭ音楽は、打ち合わせから完パケまでのスケジュールが10日間ぐらいと非常に短い。

まあ、俺はたいがい、打ち合わせの途中で頭の中に曲は出来上がってるんだけどさ。どんな場合でも「はい、分かりました。ご期待下さい」って言い残して帰ったもんだよ。

大昔は生演奏だったから、スタジオにミュージシャンを呼んで、レコーディングしてダビングしてっていうやり方だった。

たかだか3秒のジングル録るんでも、自分の仕事場から必要な楽器や機材を車に載せて全部持って行かなきゃならない。昔は楽器も機材も重くて大変だったよ。恵比寿に事務所があった頃は、その輸送とセッティングをＥＣＤが手伝ってくれてたな。

途中からはそれが面倒になって、同じ機材を自分の仕事場とよく通っていたＣＭ音楽のスタジオの双方に常備するようになった。

コンピューターがメインになって以降は、家で完パケることも可能になった。でも、映像とのマッチングを確認した上でプロデューサーが現場でＯＫなりＮＧなりを判断するから、作り直しになる可能性がある。

やっぱり、基本的にはスタジオに出向いて、現場で曲を作らなくちゃならない。まあ、俺はそれなりに経験を積んでたんで、作り直しになることはまずなかったんだけどさ。本当にすぐ出来ちゃうんだよ（笑）。

俺の場合、ＣＭのレコーディングはほとんど午前中に行っていた。ＣＭ音楽は、たいがいは15秒で長くても30秒、ロゴだったら下手すりゃ2秒だから、朝10時から始めても11時前には終わるんだよ。そこからゆっくりお昼食べても、午後はまるまる空く。一日が有効に使えるじゃん（笑）。

時には、別の何人かが音楽を作ったけど立て続けにNGを食らっちゃって、最後の最後に俺のところに持ち込まれたというケースもあった。打ち合わせした翌日に納品するみたいな日程でさ。業界用語でいうところのケツカッチンってやつ。

それでよく覚えてるのは、サッポロビール「黒ラベル」のCMだね。99年の暮れ、12月29日ぐらいに突然オファーが来たのよ。

その時点で、浴衣を着た山崎努と豊川悦司が温泉の卓球場で闘う映像は完璧に仕上がっていた。サッポロは箱根駅伝の筆頭スポンサーで、毎年、1月2日の往路中継では必ず力の入った新作CMを披露していたから、それまでに音入れを終わらせなきゃならない。綱渡りもいいところだけど、何とか間に合わせたよ。

あの曲は、レニー・クラヴィッツの「Are You Gonna Go My Way」の有名なギターのリフを逆から弾いてみたらどうだろうというアイデアから生まれたんだ。


ことのついでに、この当時の機材環境についても振り返っておこう。

前に言ったように、シーケンサーはヤマハのQX1、アナログのポリフォニックシンセサイザーはローランドのジュピター8。このふたつのマシンをメインに据えていた。

デジタルのシンセとしては、やっぱりヤマハのDX7が優れていたので手に入れた。あとは、オーバーハイムのエキスパンダー。これは、鍵盤がついてなくて、音源だけが入ったいわゆるモジュールシンセだった。

モノフォニックシンセも好きだったね。イギリス製のオスカー、そしてアープ・オデッセイを使ってたんだ。

それから、単体のドラムマシンは、イーミューのドラミュレーターを愛用してたよ。

シンセ以外のキーボードでは、クラビネットとウーリッツァーを持っていた。エレピというと、フェンダーのローズを弾くプレイヤーが多いけど、俺は、ウーリッツァーのおもちゃっぽい響きが好きだったのよ。ウーリッツァーは、カーペンターズが使っていたよね。

今までに買った楽器を並べてみたら、その総額は、1000万円には届かないにしても、500万円は下らないはず。同じ商売してる人間なら、みんなそうだと思うよ。

昔の楽器は厄介でさ。大きくて重いから倉庫を借りなきゃならないし、しょっちゅう通電させないと調子が悪くなる。生き物飼ってるのと一緒で、維持するのが大変なんだ。

俺は、楽器に対するフェティッシュな感情をまったく持ち合わせていない。ちゃんとその音さえ出ればいいの。だから、ほとんどの音源をアプリで賄える今は、自分にとって理想の時代なんだよね。

ついでに言うと、俺、再生装置も選ばないから。オーディオマニアの資質がないの。

なぜなら、どんな機器で再生しても、その音が耳から脳に届くまでの間に、本来どんな音かっていうのを演算するフィルターみたいなものがあるから、自分で修正して聴けちゃうのよ。

ずっと、みんなそうなんだろうなと思ってたんだけど、どうも違うみたいね（笑）。オーディオに凝る人の気が知れないよ。だって、子どもの頃は、AMラジオから流れてきた曲を聴いて、普通にいいなと感じてたわけじゃん。もしも同じ曲をまずFMで聴いたとして、その第一印象が変わるかというと、恐らく大して変わらないもん。

ここでCM音楽制作会社の歴史をおさらいすると、俺が音楽業界に足を踏み入れた70年代には、大森昭男さんの「ON・アソシエイツ音楽出版」と八木正生さんの「ARA」が二大勢力だった。その後、八木さんのところにいた吉江一男さんが独立し、「ミスターミュージック」を創業する。

俺、ONから仕事が来たことは一度もないんだよね。向こうで起用される作家は、大瀧詠一、山下達郎、坂本龍一といったところ。つまり、趣味がいいわけよ。俺、アーティストとしてはその対極じゃん（笑）。

その後、90年にはミスターミュージックのプロデューサーだった金橋豊彦が「グランドファンク」という会社を作って独立する。

金橋は、もともと横浜にあったディスコのハコバンでキーボードを弾いてたのよ。C・C・Oってバンドで、漢字で書くと獅子王になるんだけどさ。ディスコ歌謡時代の浅野ゆう子とも競作してたんだ。

そのバンドが出てた「サーカス」って店が俺の家の真ん前にあったから、80年代の頭頃にはよく遊びに行ってたのよ。で、いいキーボーディストだなと思っていた。

あいつがその店のハコバンから上がった頃、ちょうどビブラトーンズのキーボードが抜けるところだったから、「俺のバンドに入ってくれない?」って誘ってみた。すると、「僕、プレイヤーは引退して、これからはCM音楽を作るような仕事をしたいんです」と言うんで、ミスターミュージックを紹介したの。

ちなみに、グランドファンクという社名は、俺が命名した。別にグランド・ファンク・レイルロードのファンでも何でもないんだけど、力強くていいかなと思ってさ。

その後は、ミスターミュージックと並び、グランドファンクが主な仕事先になった。

CM音楽っていうのは映画音楽と一緒で、その作り手はあくまでも出入りの職人というポジションなわけ。

そして、CMはまず映像ありきだから、音楽を作る作業は最も川下に位置する。いろんな工程が全部終わってから、最後の最後に音を入れることになる。

ということはイコール、だんだん予算も削られてくるんだよ。「当初はこれだけの金額を割けるはずでしたが、すみませんけど、これだけになりました」みたいにさ。

でも、それを受け入れちゃうと泣き寝入りばかりになっちゃうから、最初から一本いくらという相場を決めて、その値段を割り込む場合にはノーと言っていた。この業界において、そう主張できるだけの位置に俺はいたってことなんだろうね。

ミスターミュージックとグランドファンクとしか仕事をしたことがないんだけど、どっちもお金にはきれいな会社だから、そういう意味で嫌な思いをしたことはない。規模の小さいCM音楽プロダクションなんかだと、「今回は泣いてくれ」みたいなケースもあったんじゃないかな。不況になった今は、ますます増えてるだろうね。

基本的に、CM音楽のギャラは取っ払い。買い切りってことになる。でも、ずーっと使われ続けるようになると、年間の使用料もちゃんと支払われる形に変わるのよ。

俺の場合は、長らく使われている楽曲というと、爽健美茶とチョコボールぐらいだね。あのふたつについては、未だに一定の使用料が入ってくるんだ。

CM音楽の仕事をやめたのは、07年ぐらいのこと。当時の俺は、トランスやレイブに全身全霊を捧げてたから、そっちのスケジュールが先に入ってる時は、CMの依頼を断ってたのよ。それを繰り返してたら、だんだん仕事が来なくなっちゃった。

あの世界、椅子の数は決まってるわけ。そして、その椅子は常に誰かが狙ってる。一度後釜が座っちゃうと、その場所はもう、簡単に空くことはないんだよ。

同時に、だんだん業界全体の景気が悪くなってきちゃってさ。その頃の俺は、ギャランティで言うと結構上の方のクラスだったわけ。ああいう金額って、いったん設定しちゃうともう落とせないんだよ。

するとほぼ同じような音楽が作れる若い子たちを擁するプロダクションが売り込みをかける。ギャラが安いだけに、そっちを使うようになっちゃうんだ。そういう経緯もあって、職場を奪われた感じはあるね。

それに、自分が一緒にCMを作ってきたお歴々が現場を離れちゃったことも大きい。その次の世代の人たちは、当然のごとく自分がずっとやってきた人を起用するじゃない。世代交代が進んだ余波も受けたんだと思う。

まあ、トランスうんぬんは抜きにしても、ある時点から、広告宣伝というものに携わっている自分というものが後ろめたくなった部分もあるんだよ。

だって、ずっとCMの音楽作り続けてると、「この程度の簡単な作業でこんな金額もらっていいの？」と思うようになるから（笑）。

子どもを育ててる間は、自分の中でどこか、これは家族の生活のために必要な仕事なんだというエクスキューズがあった。だから、どんな用事よりもCMの仕事の方を優先していた。でも、だんだん、これでいいのかなという疑問が頭から離れないようになってきちゃったんだ。

結局、CMからは退いたわけだけど、映像に音を付けるという作業は、仕事として純粋に面白かったことは確かだよ。

俺の人生、儲かりそうな仕事からパッと手を引くことの連続なんだよな。それでいつも苦労してる。大変だよ（笑）。

今や、テレビCMからはスポンサー離れが進んでいる。昔は資生堂だカネボウだトヨタだソニーだといった一流企業が、競うようにして素晴らしいCMを作っていたじゃない。国際的な賞を狙ったりしてさ。

ところが最近は、ちょっと前ならBSでしか目にすることのなかった通販の会社みたいなのが、地上波のそこそこいい時間帯にも普通にCMを打っている。

広告予算全体は減ってはいないけど、そのバジェットは、目に見える効果測定が可能となるネットにばかり投入されてしまう。まさにジョージ・オーウェルの世界だよ。

もう、テレビCMにはクオリティなんか求められない時代なのかと淋しくなるね。

20 1981-2006 プロデューサー業ついておいで

ここでは、俺が他のアーティストに提供した楽曲や、プロデュースを手がけた作品について語っていきたい。

西城秀樹の81年のアルバム『ポップンガール・ヒデキ』に収められた「スウィート・ソウル・アクション」「アメイジング・ガール」は、俺が作詞・作曲を手がけている。特に「スウィート・ソウル・アクション」は、ディスコ歌謡としてかなり自信があるのよ。

このアルバム、松本隆、大瀧詠一、鈴木茂というはっぴいえんどのメンバーが顔を揃えた楽曲があったりしてかなり豪華なんだけど、当時の西城秀樹を支えるファン層にはちょっと馴染みにくかったかもしれないね。

俺が作った2曲を編曲したのは、西城秀樹の大ヒット曲「YOUNG MAN（Y.M.C.A）」と同じ大谷和夫。SHOGUNというバンドのメンバーとしても有名なキーボーディストだね。

この時期、ソングライターとしての俺は、いろんなアレンジャーと組んでいた。79年のずうとるび「ウッカリBOY チャッカリGAL」では井上鑑《あきら》、81年の柏原よしえ「乙女心何色？」では後藤次利が編曲を行っている。

同じ81年には、柴田恭兵のシングル「なんとなく、クリスタル」を作曲している。タイトルから想像される通り、作詞は田中康夫。

あれは単に、柴田恭兵が歌う宝焼酎「純」のCMソングを書いてくれっていう依頼が俺にあったのが発端でさ。そのCMのキャッチコピーに〈クリスタル〉って言葉が入ってたのよ。ちょうどその頃、田中康夫の小説『なんとなく、クリスタル』がベストセラーになってたから、じゃあ曲名は「なんとなく、クリスタル」で、作詞は田中康夫本人でいいんじゃないのっていういい加減この上ない発想から生まれた曲なんだよ（笑）。

このシングルの発売直後に『なんとなく、クリスタル』は映画化されてるんだけど、柴田恭兵はその主演じゃないし、この曲はその主題歌じゃない。だから、世間的にはややこしかったかもしれない。

田中康夫は、俺が書いた曲については不満だったみたい。やっぱり、AORっぽさが皆無だったからかな。

同年には、サンタクララという夫婦デュオのシングル2枚をプロデュースした。

このふたりを知ったのは、NHKのオーディション。たまたま足を運んだら、「男と女」って曲を歌っててさ、それが本当にカッコよかったのよ。まあ、エスター・フィリップスの「What a Difference Day Makes」そのままなんだけど(笑)。下世話な水商売の匂いに衝撃を受けたよ。

その印象を「POPEYE」の連載に書いたら、向こうからプロデュースを頼まれたってわけ。それで、「人に言えないラブシーン」というシングルを提供した。B面の「ふるさとトワイライト」ともども俺の作詞・作曲。編曲は、当時ビブラトーンズを一緒に始めたばかりの窪田晴男に任せている。

このシングルがリリースされたのは81年5月。ややこしいんだけど、その4カ月後の9月には、同じメロディーのまま、伊藤アキラという作詞家が詞を改め、アレンジもマイナーチェンジし、「逃げてしまえばパラダイス」と変えて再リリースされている。何かテコ入れの意図でもあったのかもしれない。

82年にビブラトーンズとしてアレンジと演奏に参加したのが、三上寛の『このレコードを盗め』というアルバム。

このレコードは、一応キャリア初のベストアルバムを謳ってるんだけど、全曲、オリジナルとはアレンジが変わってるのよ。

俺たちは「なかなか〜なんてひどい唄なんだ」という曲をリメイクしている。初めて聞いた時に、あまりにも前衛的な歌だったので驚いてさ。これもまた、「POPEYE」で紹介したら、それが先方の目に入ってオファーが来たんじゃなかったかな。

三上寛という人は、一般には情念的なフォークの歌い手だととらえられているけれど、その一方で、非常にモダンな感覚を持っている人ですよ。

80年代にプロデュースを行ったアルバムで、一番自信を持っているのが、85年にリリースされた風見りつ子のアルバム『Kiss of Fire』。

彼女は、西城秀樹や岩崎宏美が所属していた芸映という芸能事務所の専務か何かの娘さんで、もともとは女優として活動していた。

この頃、自分の中では、作詞・作曲・編曲・演奏のすべてを自分で手がけたいという気持ちが強まってきていた。そんなところに舞い込んできた仕事だったんだよ。

ここでは、まず徹底的に打ち込みだけで作り込んで、そこにギターをはじめとするいくつかの楽器の音を挿した。そして、有機的なコーラスを過剰なまでに多用したんだ。

このアルバムを作るに当たって影響を受けたのは、スイスのテクノポップグループ、イエローの「Pinball Cha Cha」という曲と、マット・ビアンコのファーストアルバム『Whose Side Are You On?』。

今ほどコンピューター周辺の環境が整っていなかったから、制作はものすごく大変だった。自分の持てる力を隅々まで注いだという意味では、後にも先にもこれ以上の労作はないと自負している。

風見さんは声も魅力的で、音楽のセンスもいいものを持っていたんだけど、時代が彼女の個性に追いつかなかったのか、あまり売れることはなかった。しかし、俺の意図する通りに歌ってくれたディーヴァという意味では、決して忘れることのできない人だね。

バンドブームが燃え盛った頃には、ホコ天出身グループにも携わっている。90年に発売されたTHE FUSEのデビューシングル「Boys & Girls」は、俺がプロデューサーを務めているんだ。

この仕事は、後にウルフルズやナンバーガール、氣志團を世に送り出した東芝ＥＭＩの名伯楽ディレクター、加茂啓太郎さんからオファーされたもの。この時に俺が残した「ロックバンドのレコーディングは煮物じゃなくて炒め物。強火で炒めてさっと作るのがいい」という言葉を、加茂さんは今も座右の銘としているらしい。

ちなみに、THE FUSEのギタリストだったＧＡＫＵは、このバンドの解散後、ザ・スリルに参加し、松雪泰子と結婚する。そして、ベーシストのＨＡＮＡこと笹沼位吉《のりよし》は、COOL SPOONやSLY MONGOOSEといったクラブ系のバンドに参加、スチャダラパーなどのサポートも務めることになる。

同じ90年には、電気グルーヴとの出会いがあった。それ以前から、ＥＣＤが彼らのことを激賞していたんだよ。聴いてみると、確かにメジャーデビュー前からすでに面白かった。

ある時、ミスターミュージックでＣＭ音楽を作っていた中川俊郎《としお》さんの作品をリミックスするという企画があって、それならあいつらと一緒にやるのはどうだろうと思い、石野卓球に連絡を取ってみたんだ。

俺と卓球がリミックスを施すことになった「SHINJUKU GIGOLO」という曲は、そもそも伊勢丹のキャンペーンソングだった。そこに、何かのドラマで岸部一徳が語った〈お前を殺したいぐらいだよ〉という台詞なんかをはめ込んで、「SHINJUKU GIGOLO（CONTINENTAL MIX）」を仕上げた。これは、『WORLD PIECE』というコンピレーションに収められている。

ちなみに、中川俊郎さんの本業は現代音楽の作曲家。佐村河内守の影武者として有名になった新垣隆って人は、彼の弟子なんだよ。

93年には、電気グルーヴのリミックス盤『FLASH PAPA MENTHOL』に参加している。これは、彼らのメジャー1枚目のアルバム『FLASH PAPA』を全曲リメイクしたもの。俺は、ビブラストーンを率いて、「Ｂ·ｉｎｇｏ！」という曲のバックトラックをすべて生バンドに置き換えてみたんだ。

96年には、卓球がプロデュースした篠原ともえのデビューアルバム『スーパーモデル』の収録曲「やる気センセーション」を作曲している。

91年にビブラストーンがメジャーデビューを果たす直前には、桐島かれんのアルバム『ディスコ桐島』をプロデュースした。

俺も彼女も横浜に住んでたんで、前から何となく面識があったのよ。ビブラのステージもよく観に来てくれたんだよね。とても気さくな人柄だったし、純粋に楽器としての声にも惹かれたから、喜んでオファーを受けることにした。

ここでは、自分が打ち込みだけで作る曲もあったけれど、何よりもビブラストーンというバンドの音を生かすことを考えた。メンバーにも詞や曲を書いてもらったんだよ。

あのアルバムの収録曲、なかでもシングルになった「夢」なんかは、今年作ったとしか思えないくらい新しい感覚のもの。クリスタル・ウォーターズの「GYPSY WOMAN」を桐島かれんに歌わせてるのも、我ながらすごいアイデアだと思うんだ。ぜひ復刻してほしい一枚だね。

93年には、キーラという長身女性モデル3人組のシングル「CRY CRY CRY」「なくわ」に詞を提供している。

この座組みが珍しくてさ。作詞が俺で、作曲が林哲司なの。俺と林哲司が一緒に何かやるって、あまりイメージが湧かないでしょ。

林哲司とは不思議な縁があってさ。筒美京平さんの作家生活何十周年だかのパーティに顔を出したら、出席者のほとんどがレコード会社のお偉方をはじめとする業界人ばかりなのよ。音楽家で呼ばれてるのは、なぜか俺と林哲司だけだった。「ひょっとしたら俺たち、音楽家として認められてないのかもな」って、顔を見合わせて笑っちゃったよ（笑）。


96年には、GOLD WAXのアルバム『Have an eye I』をプロデュースする。R＆Bを基調とするこのバンドには、クレイジーケンバンドでサックスとフルートを吹いている中西圭一が在籍していた。

当時のGOLD WAXは、バンド内の人間関係がぎくしゃくしていた。特に、フロントに立つヴォーカルと他のメンバーの間がね。こういう場合は喧嘩両成敗にしても埒が明かないから、互いの言い分は脇に置いといて、ヴォーカルの肩を持つしかないんだよ。

ということで、俺はプロデューサー権限として、「中西、お前はクビだから来なくていい」と告げたことがあるんだ。本当に悪いことしたと反省してるけど、あいつも俺の気持ちは理解してくれてたはず。今はもう、何のわだかまりもないと信じてるよ。


同じ96年には、大阪パフォーマンスドール改めOPDに深く関わることになった。

このアイドルグループは、ＥＰＩＣソニーが売り出した東京パフォーマンスドールの大阪版という位置付けだった。セールスが芳しくなかったんで、秋山道男がプロデューサーとして引っ張り出されたわけよ。

ところが、あいつにはサウンドプロデュースに関するノウハウも人脈もない。秋山はチェッカーズの総合プロデュースを手がけて一躍名声を得たけれど、それはあくまでもプロモーション面においてのことで、音楽制作については不案内なままだった。

ということで、旧知の俺に助けを求めてきたんだ。ＯＰＤのアルバム『Ｍａｇｎｅｔ』には、俺も楽曲を提供したし、窪田晴男や井上ヨシマサといった親しい人間の力を借りたりもした。田辺恵二という手堅いアレンジャーの貢献も大きかったね。

秋山と俺がいつ知り合ったかといえば、あいつが若松プロのピンク映画で俳優をやってた70年代初めの頃。そのくらい古い仲なのよ。無印良品で当てて、あんなに羽振りがよくなるとは夢にも思わなかったよ。昔は全然、金に縁がなかったからね。

あいつとの仕事としては、80年代の初め、こぐれひでこさんが経営していたブランド「２Ｃ．Ｖ．」のスタッフだった安野とも子（現・ともこ）という女の子を日曜歌手としてデビューさせる企画にも関わったことがある。彼女がインディーズデビューを飾った「フラワー」というシングルは、俺がプロデュースしてるんだ。

そういや、秋山が見出して名付け親となった内田春菊に、俺は妙に好かれてたんだよな。岡崎京子とか中尊寺ゆつことかは、ビブラストーンのライブによく来てくれてたし。女性漫画家にはなぜか人気があったね。

97年には、李博士《イ・バクサ》と明和電機が結成したユニット、アリラン明電の「オレは宇宙のファンタジー」を作曲している。

李博士は、韓国のチープな大衆ディスコ音楽、ポンチャックの大スター。バスガイドとしてポンチャックを歌っていたところ人気を得て歌手に転身。根本敬、湯浅学ら幻の名盤解放同盟が紹介したことで、日本でも注目を集めていた。

これ、確かテリー伊藤さんとの関係から持ち込まれた話だったと思う。というのも俺、93年ぐらいから、テリーさんが総合演出を手がけるテレビ東京の「浅草橋ヤング洋品店」にレギュラー出演してたじゃない。

俺があの番組に起用されたきっかけは、誰だったかは忘れたけど、外タレのライブを川崎のクラブチッタに観に行こうと、駅前の道をぷらぷら歩いていた時のこと。

向こうからテリーさんとブラザー・コーンがやってきたのよ。テリーさんとはさほど面識があったわけじゃないんだけど、コンちゃんはよく知ってたから、軽い感じで世間話してたら、テリーさんが「近田さん、テレビ出てくんないですよね？」とか言うわけよ。芸能人廃業宣言がまだ尾を引いてたんだろうね。「いや、もう別に全然構わないよ。その代わり、ギャラはちゃんとちょうだいね」って言って、その日は別れたんだ。

その後、正式にオファーがあり、サブ司会みたいな形で番組に加わることになった。メイン司会は、ごく最初の頃はサッちゃんこと小林幸子で、途中からはルー大柴に変わった。やっぱり、テリーさんの作る番組だから、かなり出鱈目な内容で面白かったよ。

ところが、96年にはタイトルが「ＡＳＡＹＡＮ」となり、オーディション番組に衣替えする。そこでテリーさんは降板し、レギュラー陣もナインティナインを除いて総取っ替えになった。ある時期以降、電通と吉本興業がすべてを仕切るようになっていたから、それが彼らの結論だったんだと思う。恐らく、あの枠の持つ価値に気づいたんだよね。結果として、モーニング娘。や鈴木あみ（現・亜美）、CHEMISTRYを売り出す番組としてブレイクしたから、ビジネスとしては大成功だったわけだけど。


97年には、Delicious Hipに作詞・作曲・編曲をすべて俺が行った楽曲を提供している。Delicious Hipは、ＰＳＹ・Ｓ《サイズ》のヴォーカルだったＣＨＡＫＡが解散後に始動したソロとしてのプロジェクト。チャカ・カーンから採った芸名からも分かる通り、彼女はソウルフルないい声してるのよ。ナイーヴな音楽性のＰＳＹ・Ｓではその資質があまり生かされなかったことを俺は惜しんでいたから、絶対ディスコっぽい曲を作ろうと思ってさ。タイトルも「ディスコっぽいよね」になった。

この曲は、久保田利伸が作曲した「誘惑のハンマー」というシングルのカップリングとして発表され、その後、別ヴァージョンがアルバム『Delicious Hip』に収められている。

00年には、Crystal Kayのファーストアルバム『C.L.L CRYSTAL LOVER LIGHT』の制作に携わった。と言っても、プロデュースしたり、詞や曲を作ったりしたわけではない。

このアルバムは、俺がよく仕事をしていたCM音楽プロダクション、グランドファンクが初めてCM以外のレコード制作に進出した作品だった。だから、プロデュースはグランドファンク代表の金橋が手がけている。俺は、A&R的な楽曲や作家のコーディネートに協力したんだ。当時Crystal Kayが住んでいたマンションは、俺の仕事場があった横浜は山下町のマンションの2軒隣りにあった。そしてその間のマンションには、このアルバムで起用したユーカリという作詞家が住んでいたんだ。そういう意味じゃ、ご近所付き合いで出来上がったアルバムだね（笑）。

作編曲と演奏は、ほとんど石井妥師《やすし》という男が行っている。彼は、TMネットワークの宇都宮隆とユニットを組んだり、渡辺美里に楽曲を提供したりする一方、また違う作風でグランドファンク所属のCM音楽作家として活躍していた。

ユーカリと石井君はどっちも芸術家肌だったもんで、お互い、相手の書いてきた詞なり曲なりを自分の解釈に従って勝手に変えちゃったりするのよ（笑）。普通の職業作家って、そういうことしないじゃん。そんな有機的なやり取りを繰り返したことが、この実験的な作品の高い完成度につながったと思う。

俺の興味がすっかりトランスに移ってからは、その路線でプロデュースを行ったケースもある。それが、05年のSHIZUKIのアルバム『ＳＵＭＩＣＡ』。SHIZUKIとは、宝塚宙組の初代トップスターだった姿月《しづき》あさとのこと。彼女のマネージャーから依頼が来た時、俺は、「今はトランスみたいな四つ打ちにしか関心がないんだけど、そういう音楽性で構わないなら」と返事をした。それでもＯＫということで、かなり好き勝手に作らせてもらった。

ちなみに、その安原相国というマネージャーは、かつてボンド企画で松崎しげるや松本伊代を担当した業界の名物みたいな人で、ビートたけしにも可愛がられていたんだよ。

ａｎｏｙｏ総出でプロデュースを行い、コンセプトメイキングには俺の昔からの知り合いである作詞家の三浦徳子も加わった。

姿月さんのヴォーカルは、時に歌になったり、時にポエトリーリーディングになったりと変幻自在。他にはない作品に仕上がった。

06年には、トヨタのオーリスという新型車のＣＭ関連企画として、THE AURIS（SUPER）

BANDをプロデュースした。

このグループは、シーナ&ロケッツの鮎川誠、ｇｌｏｂｅのＫＥＩＫＯ、韓国人シンガーのＳＥ７ＥＮ、元ＢＯØＷＹの高橋まこと、元JUDY AND MARYの恩田快人、元すかんちのＲＯＬＬＹ、川嶋あい、山田タマルで構成される。この８人で、シド・ヴィシャスが歌った「My Way」をカバーしたんだ。

この時使ったスタジオがＫＥＩＫＯちゃんの家、つまり小室哲哉の自宅に近かったんで、ＴＫがレコーディングに遊びに来た。久しぶりに会った俺は、そこからあいつと親しく付き合うようになったんだ。

俺、96年からの1年間、フジテレビで深夜に放送されていたＴＫの冠番組「TK MUSIC CLAMP」にレギュラー出演してたのよ。ただ、その時期はもうＴＫ本人は番組に出演していなかったし、そもそも俺の担当する若手ミュージシャンとのトークのコーナーはメイン部分とは別撮りだったから、特に番組がらみで会う機会もなかった。

ただ、ＴＫは俺のことをだいぶ昔から知っていて、それなりに近しく感じてくれてたんじゃないかと思う。というのも、若い頃のあいつは、安岡力也や白竜といった内田裕也ファミリーのバックでキーボードを弾いてたからさ。言ってみりゃ俺の後輩に当たるのよ。

06年に仲良くなってからは、ＴＫの自宅にあったでっかいスタジオに行って、一緒に曲を作ったりもしてたんだよ。特に、いつか裕也さんの新曲を作りたいねという点では意気投合して、いろいろと打ち合わせも重ねていた。そうこうしてるうちに、俺に癌が見つかったり、TKが5億円の詐欺で逮捕されたり、お互い大変な状況に陥って、ちょっと疎遠になっちゃった。

とはいえ、もちろんふたりの縁が切れたわけじゃない。それにしても、裕也さんに曲をプレゼントすることができなかったのは、本当に心残りだよ……。

その他、意外なところでは、橋幸夫、舟木一夫、山本譲二、前川清といった歌謡曲や演歌のビッグネームにも詞や曲を提供している。

96年の秋、「週刊文春」の編集部から、一度会いたいという旨の連絡があった。何でも、Jポップのヒット曲を批評するコラム連載のオファーだという。

そして、当時の所属事務所だったアイ・セクションに、編集部の上司と部下のふたりが、諾否の結論を聞きにやってきた。

ただ、その時点でも俺は、正直、この仕事を受けるべきかどうか迷ってたのよ。だって、週刊誌って、毎週書かなきゃいけないじゃん。「POPEYE」に書いてた頃からは相当ブランクがあったし、あっちは隔週だったしさ。

しかも、「週刊文春」といったら名だたる雑誌だよ。そういうメディアに、自分が毎週滞りなくそれ相応のレベルの原稿を送り続けることができるかっていうことに関しては……やっぱり、すごく考えたよね。

でも、先方はとにかく俺のことを買ってくれたわけじゃない？　買ってくれるんだから売ろう、直感的にそう思ったんだよ。ここで向こうの期待に応えることが、成長につながるんじゃないかって。

「こんなこと引き受けちゃって大丈夫なんだろうか」と躊躇はしたけれど、そこで断ったら、その後の自分は、絶対に今の自分より小さくなってしまう。ただでさえ、放っとけば人間というのは小さくなる。だからこそ、打って出るという行為には重要性がある。

ということで、連載を始める決意を、その場で編集者たちに告げたんだ。

ただ、ひとつだけ条件があった。「POPEYE」の時に苦労したのが、どんなネタを採り上げるかというチョイスだったから、「週刊文春」では、楽曲選びに関しては編集者に一任させてほしいと言ったの。それでいいと言ってくれたから、安心したね。

そして、コラムのタイトルの話に移ったところ、スパイダースのギタリストと同じ名前を持つ井上孝之という年若い方の編集者が、ニヤリと笑みを浮かべながら「『考えるヒット』というのはどうでしょう」と提案した。

その瞬間、俺の脳内に、曖昧模糊としていたこの連載の輪郭がクリアに浮かび上がったんだ。


企画を立案した井上によるこの命名の背景には、実は「週刊文春」ならではの理由があった。79年に、あの雑誌は俺に関する特集記事を載せたことがあったのよ。「芸能界の小林秀雄 近田春夫「ラブホテルと歌謡曲が日本のナウな美意識である」」というすごい見出しでさ（笑）。

この大袈裟なレッテルを踏まえ、日本を代表する文芸評論家である小林秀雄の著書『考えるヒント』にオマージュを捧げた「考えるヒット」というタイトルが生まれたわけ。

しかも、『考えるヒント』は、もともと「週刊文春」の兄貴分に当たる月刊誌「文藝春秋」の巻頭を飾る形で59年から連載された随筆の表題だったのよ。だから、「考えるヒット」というタイトルには、実は文藝春秋という出版社の壮大な歴史が秘められてるんだよ（笑）。

俺はといえば、そんなバックグラウンドはおろか小林秀雄についてもろくに知識を持ってなかったから、ロダンの「考える人」のパロディか何かかなと思ってたんだけど。

ちなみに、件の「週刊文春」の特集記事を企画・執筆し、俺にインタビューを行ってくれたのが細井秀雄という編集者だった。

細井さんは、文藝春秋を定年退職した後、平山周吉というペンネームで文筆活動を開始。『江藤淳は蘇える』という著書で、新潮社の主催する小林秀雄賞を受賞している。俺を小林秀雄になぞらえたその当人が小林秀雄賞に輝いたわけだから、物語としての展開があまりにも見事すぎるよな（笑）。


その年の暮れに発売される新春合併号から「考えるヒット」はスタートすることになった。

ところが、初回の内容を巡って、いきなり編集部と揉めちゃったのよ。

まあ、批評に対する姿勢とかいった高尚な論点について言い争ったわけじゃなく、馬鹿らしい俺の悪ふざけが原因だったんだけどさ。

そこに大したこだわりはなかったものの、俺も引くに引けなくなっちゃって、最後には編集長と電話で30分ぐらい延々と話し合うことになった。その途中で、喧嘩の最中だってのに編集長が笑い出しちゃってさ（笑）。

お互い、今話してることのあまりのくだらなさに気づき、我に返っちゃったのよ。あそこで編集長が笑い出さなかったら、俺、本当に連載降りてたと思うんだよ。

それを機に、その平尾隆弘という編集長とは心の通じる関係になった。平尾さん、後に文藝春秋の社長になったんだよ。あの人が社長で、よく文春はつぶれなかったと思う。そのぐらいとぼけた人なのよ（笑）。

とにかく、平尾さんと細井さんと井上の3人には、足を向けて寝られないよ。

「考えるヒット」は、編集者が採り上げるCDを決めるシステムだから、その時々の担当の音楽的嗜好が反映される。

「こんなんでいいの？」って俺が首を傾げちゃうような曲を選ぶ人もいれば、やたら無難な曲ばかり選ぶ人もいる。文春ってのは無闇に人事異動の多い会社で、これまで10人ぐらいは担当が変わったはずだけど、その個性の違いはなかなか興味深かったね。

日本におけるCD売上高がピークを記録したのは98年。一般世間から10年遅れてバブルが到来したような形だった。

それゆえ、この連載が始まった頃は、ヒット曲に関してビジネスの視点で語る記事がメディアにあふれていた。ただ、マーケティングっていうのはさ、データを積み上げていけば誰でもできることなんだよね。結局は、すべて過去の分析でしかない。

今でもその嫌いがあるけど、みんな音楽そのものじゃなく、音楽産業について語りたがるわけよ。その場合は、数字ばかりに頼っちゃう。

そうではない、直感を基に書いたものの方が、読み手にとっては面白いものになると思ってさ。俺はずっと音楽を作ってきた人間で、しかも理屈っぽかったから、商業的な背景や経緯を抜きにした上で、音楽単体を表現として語ることができた。俺はやっぱり、未だにその能力に長けてる気がするんだよ。

ひとつ、連載開始に当たって心に決めたことがあった。それは、絶対にナンシー関的な文体は用いないということ。

例えばナンシーって、「〜ではあるが」という文末を多用するのよ。そういうのを避けた。ナンシー風のニュアンスがちょっとでも感じられたら、それはもう二番煎じにしかならないから。

当時のコラム界におけるナンシー関の影響力といったらものすごいものだった。没後20年近くが経つ今も、テレビ評の文章には、彼女の呪縛から逃れ得ていないものが多いね。

同じ「週刊文春」でコラムを連載していたナンシーとは、紅白歌合戦の改革案について2年連続で対談したこともある。

「NHKのど自慢」のグランドチャンピオンも出場させろとか、受信料徴収のために戸別訪問した歌手を優遇しろとか、出鱈目なことばっかり言ってるんだけど（笑）。

ちなみに俺自身、ずーっと紅白に出たいと思ってるんだ。その覚悟はできてるから、いつでも呼んでくれて構わない。今後も毎年、大晦日は身体をちゃんと空けておくよ。


毎週、Jポップについて評論めいたものを綴っている自分だけど、子どもの頃からずっと、どうしても日本の音楽を好きになることができなかった。

日本の歌というのは、結局どこまでいってもまず言葉ありきなのよ。和歌や短歌のことを歌と呼ぶことからも分かるじゃない。そこに節がついて、肉声の魅力が加わる。あくまでも言葉と声を味わうためのものなんだ。

だけど、音楽とは本来、もっと数学的、抽象的な魅力を持ったもの。言い方を変えれば、理屈っぽいものだよね。

子どもの頃から音楽を学び続けるうちに、自分の興味は、言葉や声よりも、音楽の構造そのものに向かっていった。それこそが、西洋音楽の面白さだった。

煎じ詰めれば、譜面ってこと。音楽における譜面は、建築における設計図と一緒。俺は、フイジカルな歌や演奏よりも、数学的に表すことができるロジカルな部分において性能を高める行為に惹かれていたんだ。

歌を伴うJポップについて論じ続けてきたこの20年以上、ミュージシャンとしての俺は、歌を必要としないトランスを突き詰めていたというのも、皮肉な話だよね（笑）。

譜面とは、現在に置き換えてみればプログラミング、すなわち打ち込みとなる。

よく「日本人と外国人はノリが違うよね」とか「やっぱりファンキーな感覚は日本人には打ち出せないよね」とか言うじゃん。だけど、ヒップホップやハウスにおいて一番肝心な基本のビートを作ってるのは、日本企業であるローランドのドラムマシンなんだよ。

俺、そこに我が意を得たりと思ってさ。音楽に秘密はない。100％理屈で解析することができるんだ。

つまり料理と一緒。調理って作業を俯瞰して眺めれば、あれは、酸化や劣化、要するに腐らせるプロセスの中の一部分を抽出するだけのことなのよ。ってことは、物理や化学の実験と同じで再現が可能。そこに秘密があったらおかしいじゃん。錬金術じゃないんだから。

ＭＩＤＩという電子楽器の共通規格がある。ごく簡単に説明すると、ここでは音の強弱や高低が127の単位に分割されている。デジタルレコーディングしてると、何かの音はどこかのマスに絶対入るのよ。そこに曖昧さは一切存在しない。

今、そこそこのレベルのミュージシャンになると、この単位の感覚はしっかり身についていてさ。「もう1ピッチ上げて」と言っても、「これ以上はできません」とはっきり返ってきたりする。彼らからすると、MIDIのマスの単位の違いはそれほど大きいんだよ。

「考えるヒット」を連載する中で一番うれしかったことといえば、ある予想が的中したこと。確か09年頃に、こう書いたのよ。今後、米国ビルボードのシングルチャートにおいてアジア人アーティストが坂本九の「スキヤキ」以来となる首位を獲得するなら、それは韓国人になるだろうって。

この予言は、20年にBTSの「Dynamite」が1位に輝いたことで実現した。

10年以上前は、まだ韓国のアーティストがアメリカの方を向いていなかった。日本の方を主な市場として重要視してたわけ。

韓国の人口規模では、国内マーケットだけでは商売にならない。必然的に、いずれ輸出先としてアメリカが視野に入ってくるんだろうなという確信があったんだよ。

当時のKポップは音楽的にも進境著しかったから、全米を席巻するだけのアーティストなり楽曲なりが生まれても不思議じゃないと感じていた。

自分の子どもの頃を振り返ってみれば、後に日本の自動車がアメリカ市場であれだけのシェアを奪うだなんて想像もできなかったじゃない。その記憶があって、今度はエンタテインメントにおいて韓国が同じことを試みるんじゃないかと思ったんだよ。

なお、97年から07年までの10年間は、「週刊文春」と並行して、「家庭画報」に書評を連載していた。

これ、「ａｎａｎ」時代に出会ったフリー編集者の三宅菊子さんから依頼が来た仕事だったのよ。

ナベゾこと渡辺和博がずっと挿絵を描いてくれていたんだけど、連載末期の07年に肝臓癌で亡くなってしまった。アートディレクターの井上嗣也《つぐや》さんが、その後を引き継いでくれた。

この連載は、『僕の読書感想文』という書名で単行本化されている。版元は国書刊行会という渋いところ。樽本周馬さんという編集者が一冊にまとめてくれた。

現在進行形の仕事でいえば、18年から、「ミュージック・マガジン」に「帯に短し襷に長し」というエッセイを連載している。

「考えるヒット」は、20年の暮れに最終回を迎えた。イラストレーターとして安齋肇さんという相棒を得たことも、長寿の秘訣になったと思ってる。どんな絵が添えられるのか、毎週楽しみだったんだよね。

さすがにこれだけ長い間やってると、俺もそれなりに文章が上手になった気がするよ（笑）。

あれは89年のこと。マネージャーのKのしでかした横領の後始末にも一段落が付いた頃、俺は、人生初の人間ドックに入ってみたんだ。

そしたら、「大腸癌の疑いがあります」と告げられた。念のため再検査したところ、何も見つからなかったから、その時はそれで話が終わった。

でも、考えてみれば、当時の医療技術は現在と比べるとかなり見劣りのするレベルだったはず。恐らく、癌を見逃しちゃったんじゃないかと思うんだよ。

そんなこともすっかり忘れていた08年、俺は、グランドファンクが関わっていた映画『ララピポ』に音楽制作のスタッフとして参加することになった。

この頃はまだ、自分が癌だなんて自覚はまったくなかったんだけど、何となく集中力が落ちているなあとは感じてたんだ。だから、サウンドトラックを作家としてまるごとひとりで賄う体力的な自信はなかった。グランドファンクの金橋に、「じゃあ全体を仕切ってくれませんか」と言われたので、スーパーバイザーという肩書で関わることにした。

Crystal Kayの時と同じように、曲は一切書いていない。AIが歌う主題歌をはじめ、アーティストや楽曲のコーディネーションに携わったんだ。

音楽は70年代テイストで統一されていて、なかなかいい仕上がりになったんじゃないかと思う。映画自体は、翌09年を迎えてから公開された。

同じ頃、俺は、元ピンク・レディーのケイちゃんこと増田惠子のアルバムに一曲書き下ろした。

ピンク・レディーは、ハルヲフォンとデビューの時期が近かったのよ。だから、いろんなテレビ局のオーディションで一緒になったりして、ちょっとした親近感を抱いていた。

増田さんの側からは、キョンキョンの「Fade Out」みたいな曲を作ってほしいというオーダーが寄せられた。

それを受け、俺が作詞・作曲・編曲のすべてを手がけて完成したのが、「もいちど遊びましょ」。「Fade Out」を思わせる、抑制の効いた短調の四つ打ちとなっている。

この曲を作った時点では、まだ癌は発覚してなかったんだけど、今振り返ってみれば、病気を治してもう一度遊べるようになりたいという潜在的な願望が、この曲名と歌詞に込められていたのかもしれない。

このナンバーを表題曲とするアルバム『もいちど遊びましょ -Now & Then-』は、08年の8月8日にリリースされた。俺が癌の手術に臨んだのは、その5日後だった。

あの人間ドックから30年近い歳月が経ったある日、便に血が混じっていることに気づいた。でも、体調そのものは全然悪くないから、痔か何かだろうと思って、しばらく放っといたんだよ。

そのうち、だんだん血の量が多くなり、これは癌なのかもしれないと心配するようになった。でも、人間って自分の都合のいいように物事を考える生き物でさ。「もしも俺が癌になっても、悪いのは見逃した医者の方で、俺は悪くないもんね」という手前勝手な論理で、人のせいにしてたわけ。自分に対して嘘をついてたんだよ。

癌という病気の厄介なところは、ある段階まではごくごくゆっくり進行するのに、何かのタイミングから急速にその細胞が増殖を始めるという点。しかも、その時点まで体調にはさして影響をおよぼさないから、普通に暮らしてたら、本当に何も気づかないんだよ。

やがて、便に混じる血の量が洒落にならないほど増えてきた。それが08年の夏のこと。

ちょうどその頃、近くに目の調子が悪くなった知り合いがいてさ、手術に踏み切ることになった。そいつは俺以上に勇気のないやつだったの。でも、目の手術って、まぶたを開けたままメスが入れられるから、視覚体験としてはものすごく怖いんだよ。

こいつが清水の舞台から飛び降りるんだったら、俺も負けるわけにはいけないと思い、癌なのかどうか診察してもらうため、病院に足を運ぶことにしたんだ。

悲観的な予想は的中し、医者には「これはS状結腸癌ですね」と宣告された。しかも、ステージⅣという最終局面だったのよ。5年生存率は約15％。つまり、余命いくばくもない可能性を突きつけられたわけ。

急遽、「来週手術しましょう」ということに決まって、オペを終えた。担当医は、「一応、癌の部分は大体取り除いたんですけど、ちょっと拾いきれない部分もありました。……うーん、癌のタイプとしては、あんまり性質のよくないやつでしたね」と言う。今にして思えば、相当言葉を選んでるよね（笑）。

忘れもしない、手術を受けたのは8月13日のことだった。つまりお盆。ありがたいことに、「週刊文春」が合併号を出して1週休みになる時期だったから、「考えるヒット」の連載には穴を空けずに済んだ。

それまでの俺は、ずっと原稿を手書きしてたんだけど、病室にはちっちゃいテーブルしかなかったから、原稿用紙を広げる作業はやりにくい。だから、パソコンを使って執筆することにしたの。これもひとつの試練だと思ってさ。

その時、ようやく悟ったんだ。漢字は書ける必要はない、読めりゃいいんだって。それまで、

「薔薇」とか「林檎」とか、書けないとまずいのかなと思ってたんだけど。

その後、しばらくは抗癌剤を投与しながら様子を見続けた。

ポートと呼ばれるプラスティックの半球体みたいなものを、鎖骨の下辺りの皮膚の内側に埋め込んで、その中心のシリコン部分に抗癌剤の点滴の針を刺す。すると、ポートから延びたカテーテルを通じて静脈に薬剤が送り込まれるわけ。

この抗癌剤投与は週に1回、2日ほどかけて行うというものだった。俺の場合、そのたびわざわざ病院には通わず、家で自ら注射の針を刺していた。点滴の袋は小さなものなんで、肩からカバンみたいにぶら下げて、そのまま仕事をすることもできたんだよ。

ただささ、抗癌剤というのは癌細胞を殺すことが目的だから、ものすごい猛毒なの。うっかり間違えてポート以外のところに針を刺したら、すぐに救急車を呼ばなきゃいけない。そうしないと死んじゃうぐらいの劇薬らしい。それが恐ろしくて、毎回毎回、神妙な気持ちで注意深くやってたもんだよ。

とにかく、抗癌剤の投与中は、最悪に嫌な気分がずーっと続くんだよ。今こうやって話してもその心持ちが蘇ってくるから、振り返るだけでもうんざりなぐらい（笑）。

抗癌剤は副作用が強すぎるので、半年以上は継続して使用できない。半年続けたら半年休んで、また半年間投与する。そのサイクルを2回ぐらい繰り返したのかな。

副作用で、髪の毛も結構抜けたよ。一時期は、後頭部がすっかりハゲ上がっちゃったこともあった。そこからは回復したものの、今も、昔と比べたら髪は薄い。それが抗癌剤の影響なのか、単なる寄る年波によるものなのか、検証する術はないんだけどさ。

手術後、作家としての活動に復帰して最初に提供した楽曲が、相対性理論のヴォーカル、やくしまるえつこのソロとしては初となったシングル「おやすみパラドックス」。このCDは、09年10月に発売された。

当時の俺が好きだったアメリカの女性シンガー、P!NKの「Get the Party Started」みたいな曲を作ろうとしたんだ。ただ、やくしまるさんはあんまり強い歌い方をする人じゃなくて、ささやくように歌うタイプだったから、ちょっとイメージは変わっちゃったんだけど。まあ、ミスマッチの妙味は生まれたと思うね。

カップリングは、ジューシィ・フルーツの「ジェニーはご機嫌ななめ」のカバー。高橋幸宏がアレンジしてくれたんだ。

この当時、もうひとつ俺の進めていた作業に、内田裕也さんが自らの半生を振り返るインタビュー本『内田裕也 俺は最低な奴さ』のプロデュースがある。

俺がインタビュアーを務め、本文の構成と編集は末井昭さん、アートディレクションは井上嗣也さん、フォトセッションの撮影は若木信吾さんという豪華なメンバーが揃った。

白夜書房から刊行されたこの本には、普遍というものに到達しようとした内田裕也の姿が克明に記録されている。


癌の判明以降は、ミュージシャンとしてステージに上がることを躊躇していた。突然体に変調が起こって出演が叶わなくなると、いろんな人に迷惑をかけるじゃない。それは避けたかったのよ。

実際、癌が見つかった08年の夏は、高木完ちゃん率いる東京ブラボーが再結成して登場したフェス「WORLD HAPPINESS」にゲスト出演する予定だったのに、急に手術することが決まって直前でキャンセルしちゃったから。あれは悪いことをしたよ。


ライブ活動の代わりというわけじゃないけれど、この時期、久しぶりにラジオのパーソナリティを務めることになった。

10年から、NHK第1で「ロックンローラー近田春夫の歌謡曲って何だ?」が始まったんだ。昔取った杵柄というか、かつての「オールナイトニッポン」をアップデートさせたような内容だね。

当初は、数カ月に一度の特番だったのよ。それが、翌11年からは毎週金曜日の午後にレギュラーとして生放送されることになった。結局、16年まで続いたから、なかなかの長寿番組だったね。

癌っていう病気は、最初の手術後に関しては、4年間無事だったら寛解と見なされるんだ。ところが、俺の場合は、寛解まであと2カ月を残すばかりだった3年10カ月後の時点で検査を受けたところ、癌細胞のリンパ節への転移が見つかってしまった。

それが12年のこと。体調には何も問題がなかったから、意外だったね。すぐに再手術を行い、悪い部分を切除してもらった。

退院後は、家でしばらくおとなしくしてなきゃいけなかったんだ。その時に、退屈しのぎに知り合いの子どもなんかとメールのやり取りをしてたんだけど、そこに出来合いの絵文字ばっかり添えるんじゃつまんないなと思い立ち、スマホのアプリを使って自分でオリジナルの絵を描くようになった。

そうこうするうち、だんだん絵が上手になっちゃってさ。俺が絵を描くのなんて、高校時代にすいどーばた美術学院に通っていた時以来だからね。新鮮な経験だったよ。

その後、俺の絵は自著の表紙を飾ったり、「イメージフォーラム・フェスティバル」のメインビジュアルに起用されたりするようになった。今後は画家として生きていくのもいいんじゃないかと半ば本気で思ってる。

13年には、京都精華大学が新設したポピュラーカルチャー学部の特任教授に就任した。ビブラストーンのサックス奏者だった佐藤公彦の友達が精華の職員で、そこから声がかかったんだよ。

俺以外には、佐久間正英、高野寛、スチャダラパーのBoseも特任の形で教鞭を執った。客員教授としては、細野晴臣、藤原ヒロシといった面々も招かれていたね。

授業内容は、毎年変えていたんだ。最初の年はこう。iPhoneには、無料で使えるシンセサイザーのアプリがいっぱい存在する。でも、そういうものには取扱説明書が付属してないのよ。だから、自分たちで一から取説を作成することにした。

ある年度は、各受講者に音楽の面において感銘を受けた映画を挙げてもらい、毎回、その作品を全員で観た後にそれぞれが感想を書くという試みを行った。

音楽からは離れた授業もやってみた。5人ぐらいの班をいくつか編成して、電報ごっこみたいな感じでリレー式に物語を書き継いでもらう。それを一冊の本にまとめ、他の班の間で回し読みしながら批評を行う。やっぱりみんな、自分ならではの文章を書きたがっているんだよね。

この仕事に関しては、しっかり一年分の給料が出たんだけど、講義を行うのは前期か後期かのどっちかだけでいいのよ。大学は休みが長いから、毎年、あっという間にカリキュラムが終わっちゃう感じがあったね。

俺が京都に赴くのは、週に一度だった。連続する2コマを特定の曜日に設けてもらってたんだ。午後1時過ぎに大学に着いて、5時にはキャンパスを後にする。もちろん新幹線で日帰りだよ。神社仏閣に興味はなかったから、どこにも寄らずとんぼ帰りしてたね。

アクセス方法としては、京都駅から地下鉄の烏丸線に乗り換えて、終点の国際会館駅で降りる。そこからスクールバスに乗り込めば、10分ほどで大学に到る。京都という名はついていたものの、その校舎は、鞍馬天狗が出没するような山の中にあったんだよ。

精華の学食の2階には、誰でも自由に弾くことのできるグランドピアノがあって、昼休みにはみんなが適当に練習してたわけ。ある日、その近くを通りかかると、ものすごく上手いピアノの音が聴こえてきた。思わず、その学生に「素晴らしいね」って声をかけちゃったんだけど、それが、後にシンガーソングライターとしてデビューする中村佳穂《かほ》だったんだ。

教員としての5年間の任期を満了したのは、18年のこと。この経験を通じて分かったのは、自分の資質は学校で教えるという行為に向いてないって事実だった。

やっぱり、大学生の姿勢って、基本的には受け身なわけ。各自がどの程度の知識を有しているか、そのレベルの見当がつかない。

それに対し、DJになりたいとかラッパーになりたいとかいう風に目的がはっきりしている人間は、自分にどんな知見が欠落しているかを自覚している。それをしっかり踏まえた上で、積極的に教えを乞うてくるんだよ。そういう局面においては、俺も的確に指導を行うことができる。

考えてみれば、俺はそもそも、教わるのが得意じゃないんだよね。自分なりに調べて自分なりの答えを導き出す方が好きなんだ。他人のペースに左右されることがないからさ。


15年には、クールスのデビュー40周年記念シングルに詞を提供した。

横山剣が作詞作曲した表題曲「泣きながらツイスト」のカップリング曲「Rock & Roll Love Affair」は、作詞を俺、作曲をジェームス藤木が手がけた作品。

彼らの40周年のアニバーサリーとなるライブにも参加し、歌を歌ったりキーボードを弾いたりしたことで、何となくステージ勘みたいなものが戻ってきたんだよね。


16年には、作曲家の鈴木邦彦さんが制作した『ジャンルを超えた歌手とのコラボ』というアルバムに作詞家として参加している。

邦彦さんは、慶應では中学以降の先輩に当たるんだ。13歳離れているから在学中は面識がなかったけど、何回か会ったことがあって、俺のことを覚えてくれていたのよ。ジューシィ・フルーツに「二人の東京」というシングル曲を書いてもらったこともある。

このCDは、ジャズ、シャンソン、カンツォーネの歌手5名が、邦彦さんの過去のヒット曲やこの機会に書き下ろされた新曲を歌うという趣向のオムニバス。若い頃からずーっと請負仕事として歌謡曲ばかりに関わってきた邦彦さんが、本当にやりたかった音楽をお気に入りのシンガーに歌ってもらったという渾身の企画だったんだ。

俺は、このアルバムに参加が決まっているという横浜在住のキャロル山崎さんを通じてこの話を知り、「ぜひ何か書かせてください」とお願いしたの。キャロルさんは、かつて「11PM」のカバーガールを務めた美女で、ジャズシンガーとしても阿川泰子と競るほどの人気を誇った存在なんだ。

それが邦彦さん本人に伝わって希望が叶い、俺は、広瀬敏郎さんというシャンソン歌手の歌う2曲を作詞することになった。

邦彦さんは詞に厳しい人だというのは知っていた。この時も、やはり度重なる書き直しを要求されたんだ。俺、創作のエネルギーがずいぶん落ちてた頃だったから、これを超えたら次の段階にいけるだろうと思って、歯を食いしばりながら頑張ったんだよ。

ようやく邦彦さんからOKをもらえた時は、確固たる自信を回復できたという感慨を覚えた。俺が書いたのは、「シークレットLOVE」「愛してはいけない恋」の2曲。

クールスおよび邦彦さんとの仕事は、当時の俺にとって、生きる手応えを感じさせてくれるものだった。

2回目の癌の手術の後は、再発しないまま5年が経たないと、寛解ということにはならない。

最初の手術の場合は4年でいいわけだから、次は1年分上乗せがあるってこと。

幸い、俺は17年に行われた検査で、どこにも癌が発生していないことが確認された。やっと安心できたよ。


抗癌剤の副作用は、今でも少し残ってる。そもそもあの薬には、身体の末端の細胞を殺す作用があるんだよ。

まずは、両足の裏にピリピリしたしびれを常に覚えている。靴下がたくれたまんまグジュグジュしているような感じだね。それから、舌の縁の感覚が鈍くなっている。疲れていると、滑舌が悪くなったりするんだよ。

まあ、このふたつに関してはもう慣れちゃった。一生付き合っていくしかないね。


やっぱり、癌にとって一番よくないのはストレス。とりあえず、楽しい気持ちでいれば免疫力は高まると思うんだよ。だから、今はとにかく楽しくなるように楽しくなるように、自分のしたいことをすべく心がけている。

それから、癌細胞はヤドカリみたいに自分の身体に棲んでいるわけじゃん。あんまり冷たいことは言わない方がいいと思うんだよね。「暴れさえしなかったら、ずっといていいんだからね」という寛容な気持ちでいればいい。「よしよし、ずっと寝てなさいね」って。そうこうしているうちに、寝たまんまいなくなっちゃった。

あと、これはまったくもって非科学的な発想だけど、人間の身体って、物じゃん。あ、別に唯物論的な哲学を語ってるわけじゃないよ（笑）。人体には、物理なり化学なりの法則が基本的に当てはまるってこと。

海の近くに車を停めとくと錆びやすいじゃない？　あれは塩分と水分との作用で酸化が進んだということだから、自分の身体に関しても、錆びないように塩分はできるだけ摂らないようにすればいいのかなとかさ。

あと、人間は他の動物と違って二足歩行を行うようになったから、重力の関係で内臓の位置が下がってくる。そうすると、内臓同士がぶつかったりすることで皺が生じ、そこから錆びていくんだろうなと。そのために、内臓に負担をかけないように姿勢よく歩くことはいつも心がけてるんだ。

まあ、どのぐらい科学的な根拠があるかは分からないけど、いずれにせよ、塩分を控えることも姿勢を整えることも、身体に対して悪いことじゃないことは確かじゃん。

しかし、健康に関する通説というのも移り変わりが激しいよね。

ちょっと前まで身体にいいと言われ続けてきたあの牛乳についても、最近じゃ発癌率を上げるという説が唱えられてるのよ。

卵だって、コレステロールが高いから一日にひとつ以上は食べるべからずと言われてたのが、急に何個食べても問題ないとなったんだけど、さらにその後、週に3個摂取しただけでもヤバいって新説が浮上したのよ。

一体何が正しいんだって思うよね。でも、例えばの話、原則としてお酒は身体によくないじゃん。でも、お酒を飲めば、ストレスを発散することができる。その場合に応じて、どっちを取るかってことだと思うんだよね。

人間、生きてることそのものが身体に悪いわけ。まさに、「調子悪くてあたりまえ」なんだよ。統計は例外の集合体って言うぐらいだから、つくづく、細かいことは気にしないで生きることが肝腎なんだと思うね。

世界で一番いけない男　2017-300歳へ向けて

23

癌に関して完全寛解というお墨付きをもらった後、まず舞い込んだのが、再結成を果たしたジューシィ・フルーツの新曲を書いてほしいという依頼だった。

「ラニーニャ　情熱のエルニーニョ」という曲を提供したところ、さらに、それを収録するアルバム『BITTERSWEET』の前宣伝として仕掛けられた17年11月のジューシィのライブにゲスト出演してくれないかというオファーがあったんだよ。

病気の心配も失せたことだし、久しぶりにステージに上がってみようかと思い、リハーサルで「ああ、レディ・ハリケーン」を歌っていたら、その場に居合わせたジューシィの担当ディレクターが、やたらと俺の歌を褒めてくれるのよ。

「いいですねえ。近田さん、レコード出しましょうよ」って言うから、まあ、その場限りの軽口なんだろうなと受け取って、「アイドルみたいに詞も曲も用意してくれるんなら歌います よ」と適当に返事したわけ。

てっきり冗談だとばかり思っていたら、あれよあれよという間に話を進めていてさ。「これだけ揃いました」と言って、オーディションで集めた65曲にも上るデモテープを俺に聴かせてくれたのよ。

このディレクターが、ビクターの川口法博《のりひろ》さん。本当に、もっと早く出会っていたらミュージシャンとしての俺の運命も変わっていたかもしれないと思うぐらいに優秀なディレクターなんだよ。


川口さんからは、俺自身のアルバムに先立って、14歳の日英ハーフの女の子、それいゆがヴォーカルを務めるSOLEILというバンドへの楽曲提供を求められた。それが、18年3月発売の『My Name is SOLEIL』に収録されている「姫林檎GO GO!」。

ここにおいて俺は、本当のロックンローラーじゃない職業作家が作るロックンロールを目指してみたのよ。例えば、ボイス&ハートがモンキーズに提供した「Let's Dance On」みたいなものだね。歌詞では、クールスおよびハルヲフォンの「シンデレラ」に自らオマージュを捧げている。

ちなみに、近年の俺が作るデモテープは、伴奏まで含めて全部鼻歌。風呂場で歌ったのを、iPhoneに録音してる。

アレンジャーが別に立っている場合は、そのぐらい余白を残しておいた方がいいんだよ。俺だってプロだから、完パケに近いデモテープなんか簡単に作ることができる。でも、そんなの渡したら、編曲家はそのイメージに囚われちゃうじゃん。

そして、レコーディング現場に顔を出すチャンスがあれば、俺がピンポイントで的確な指示を出す。そのアドバイスによって、曲のクオリティが目に見えて向上するんだ。

すると、デモテープから受けたラフな印象なんかすっかり忘れたように、「近田さん、すごい！」とみんな尊敬してくれるわけよ（笑）。


ソロアルバムの企画が浮上したのと同じ頃、ハルヲフォンの恒田と高木と俺の3人で、新しいバンドを結成する話が進んでいた。

映画『星くず兄弟の新たな伝説』の公開を記念したイベントで何か演奏してくれないかという依頼が、手塚眞から高木さんに持ち込まれたのよ。

その本番は、オファーから半年ほど先に予定されていた。じゃあ、とにかく半年間ずっと練習して、現場で演奏してみよう、それでいけそうだったらバンドを続けるし、ダメだったらその日限りで解散しようって約束を交わし、練習を続けたんだ。

18年4月、いざイベントに臨んでみたら、そう悪くなかったんで、そのまま活動を継続することにした。やっぱり、俺の本領はバンドにあるんじゃないかなと思ったよ。

このグループの名前は「活躍中」。ここで俺は、ハモンドオルガンを弾いている。

といっても、本物のハモンドじゃなくて、ｉＰｈｏｎｅやｉＰａｄに最初から無料でインストールされてるGarageBandというアプリの音源を使ってるんだけど、これ、本当に音がいいんだよ。

俺、本来の出自である鍵盤奏者としては、他のどんなキーボードよりもハモンドを弾くのが大好きだった。けれど、巨大なレズリースピーカーをつながなければ音が出ないこのオルガンは、物理的な意味でも経費的な意味でも、おいそれと安易に使うことはできない代物だったんだ。

自分は若い頃から、本物、バッタ物、さらにサンプル音源も含め、ハモンドを称するものには専門家としていろいろと触れてきたわけ。でも、このアプリは、それらとは比較にならないほど忠実にハモンドの音響を再現していた。

iPhoneやiPadにたかだか1万円ぐらいのキーボードを接続するだけで、本物と比べても遜色のないハモンドのサウンドを奏でることができる。この齢になって、キーボーディストとしての可能性が広がった気がしたよ。

俺、パソコンは5年ぐらい前に処分しちゃったんだ。今は手元にない。だって、iPadとiPhoneがあれば、全部間に合っちゃうもん。

この年の6月からは、秋元康の誘いを受け、テレビ朝日の「ラストアイドル」というオーディション番組にも顔を出した。

俺が加わったのは、ひとりのプロデューサーがそれぞれひとつのユニットを担当した上でバトルを繰り広げ、審査員と視聴者による投票の結果、勝ち残ったグループの楽曲がCDの表題曲になるという企画。プロデューサー陣は、秋元康、つんく♂、後藤次利、指原莉乃、そして近田春夫の5名だった。

まあ、秋元が考えただけあって、さすがにあざとい趣向なんだけどさ。あいつは博打好きだから、こういうこと思いつくのよ。

ここで俺は、Good Tearsという4人組をプロデュースしたんだ。アピアランスはお色気を打ち出そうと思い、へそを露出するベリーダンス風の衣装にした。曲名は、へそにちなんで「へぇ、そーお?」。サウンドは、ドナ・サマーの「I Feel Love」のベースラインにアラベスクやジンギスカン辺りの下世話なメロディーを乗せてみた。つまり、80年前後のミュンヘンディスコだね。

この曲、当時の安倍政権に巻き起こっていた不祥事を揶揄するような歌詞だったから、ネットで軽く炎上して、ニュースにもなったのよ。あんなにケチョンケチョンに批判されることも珍しいから、なかなか面白い経験だったね。結果として、あのぐらいで心が傷つけられるわきゃないってことを学んだよ。

この曲は、ラストアイドル名義の「Everything will be all right」というシングルに収録されている。

さまざまな活動を挟みながら、自分にとって実に38年ぶりとなるソロアルバム『超冗談だから』の制作は着々と進んでいた。

ここでの俺は、歌い手に徹することを決めていたんだ。作者としてクレジットされている「ラニーニャ 情熱のエルニーニョ」「ああ、レディハリケーン」は過去に書いた曲のリメイクだし、キーボーディストとしても最後の1曲でハモンドを弾いているに過ぎない。

たくさんいい曲が集まった。さて歌詞はどうしようという課題が浮上したその折、児玉雨子という作詞家の存在を思い出した。

「考えるヒット」でつばきファクトリーの「低温火傷」という曲を取り上げた時、彼女の才能に感嘆したわけ。アイドルの曲なのに「低温火傷」っていうタイトルからしてもう相当すごいじゃない？（笑）彼女の主な得意先はハロー！プロジェクトだったんだけど、どの曲を聴いてもインパクトが非常に強い。

歌謡曲に似合う語彙を選び抜いた文学的な歌詞でありつつ、そこに、ヒップホップ以降の世代が重要視する言葉そのものの音響的な快感をドッキングさせている。当時、彼女はまだ24歳の若さだったのよ。

試しにとりあえず、「超冗談だから」という曲に関して児玉さんに詞をお願いしたら、それがあまりにも素晴らしかったもんで、作詞家が未定だった曲は、すべて彼女に発注することになった。

秋元康は昔から、「近田さんが新譜を出すなら、絶対俺、詞を書きますよ」と言ってくれてたの。その言葉に違わず、作詞の依頼にふたつ返事で応えてくれた。みなさんご存知の通りとにかく忙しい男だから、詞が届いたのはデッドラインぎりぎりだったけどさ。その曲が、冒頭を飾る「ご機嫌カブリオレ」。

俺は普段、「考えるヒット」なんかであいつの詞についてひどいこと言ったりしてるのに、いい歌詞を贈ってくれたよ（笑）。

ラストを締めくくるのは、能年玲奈改めのんの作詞・作曲による「ゆっくり飛んでけ」。俺は、ミュージシャンとしてののんちゃんの才能を高く評価していたから、連絡を取って曲を書いてもらった。彼女は、ここで自らギターの演奏も披露している。本当にいいギターを弾くんだよね。

この曲でドラムを叩いてるのは、さっきも話に出た当時14歳のそれいゆ。彼女は、中学校の吹奏楽部でパーカッションをやってたから、ちゃんと譜面が読めるんだ。

譜面といえば、このアルバムの楽曲はすべて完パケたオケをもらってるから、譜面が存在しないのよ。ところが俺、もともとクラシックピアノの出ということもあって、頭の中できちんと譜面を追って、鍵盤を思い浮かべながらじゃないと歌えないんだ。

だから、歌入れの前に自分で全部譜面を書き起こした。「なるほど、ここで転調するからこう展開するんだな」と構造をきちんと理解した上で歌ったわけ。どれもこれも、なかなか複雑精妙で、アカデミックな素養がないと作れない楽曲だということが分かったよ。

大雑把なフィーリングじゃ歌えない。そういう意味じゃ俺は、まったくもってロックのイメージからはほど遠いヴォーカリストだよな（笑）。

このアルバムのレコーディングを通じて実感したのは、自分の声の若々しさだった。「ああ、レディ・ハリケーン」なんか、29年前よりよっぽど上手く歌えてるよ。古希を目前として、ようやくシンガーとしての自信を獲得することができたね。

ちなみに、『超冗談だから』は、「ミュージック・マガジン」の選ぶ年間ベストの歌謡曲／Jポップ部門で2位に輝いた。

『超冗談だから』発売から49日後に当たる同年12月には、The Lunatic Thunder時代からの盟友である俺とOMBのユニット、LUNASUNとして、アルバム『Organ Heaven』をリリースした。

OMBが制作したハウスのトラックに乗せ、俺がハモンドオルガンを弾きまくるこの作品は、現時点におけるふたりの四つ打ち探求の粋が詰め込まれていると思う。

『超冗談だから』のリリースをきっかけに、俺は、近田春夫として、活躍中として、

LUNASUNとして、さまざまなライブやイベントに出演するようになった。

明くる19年には、俺のことを買ってくれた中村孝司《こうじ》さんが代表を務めるスモール出版が、深く自分に関わるようになったんだ。

「週刊文春」の連載のうちジャニーズ関連楽曲の回だけをまとめた『考えるヒット テーマはジャニーズ』を刊行したり、ビブラストーンの歌詞集『VIBE RHYME』を復刊させたりね。書籍のみならず、Tシャツやパーカーやキャップまで復刻してくれるんだから、その情熱には頭が下がるのみだよ。

そんな中迎えた20年は、俺がプロとしての音楽活動を開始してから50年目に当たる。その記念にいろんな企画を立てていたんだけど、コロナ禍で全部取り止めになっちゃった。これだけはどうにもならないね。

近田春夫
『超冗談だから』（2018）

LUNASUN
『Organ Heaven』（2018）

東京オリンピック・パラリンピックの非公式テーマソングとして、この年の2月に「近田春夫のオリパラ音頭」をYouTubeで発表したら、翌月には大会の延期が決まっちゃってさ。急遽歌詞を書き換えて、「近田春夫のオリパラ音頭２０２１」をアップロードしたよ。

その後も俺は、「近田春夫のコロナ三密音頭」「PANDEMIC～WHO is criminal?～」と、前代未聞のこの状況に即応する形で、YouTubeに新曲を発表している。

若き日の俺のロックンロール観に絶大なる影響を与えたソウルメイトのアラン・メリルは、新型コロナウイルスを原因とする肺炎で亡くなってしまった。壮絶な最期だったと聞く。だから、このコロナは俺にとっても他人事じゃないんだよ。

この事態に関して怒りなり憤りなりを表明せずに指をくわえてるだけなんて、世界中のミュージシャンは一体全体何をやってるんだと訴えたいよ。どいつもこいつも、いくら何でもボンクラすぎないか？

50年ほどこの世界で生きてきたけれど、俺は、とにかく舞台の袖からショーを観ることが好きなの。当事者になりたいわけじゃなくて、当事者たちと同じ場所にいて、その動きを観ていたかった。

そのためには、オールエリアOKのパスを手に入れなければならない。俺、専らその特権を得ることを目的に、仕事として芸能人を続けてきたような気がするんだよ（笑）。

自分のキャリアに関してもうひとつ断言できることは、俺はファンにおもねった経験はないってことね。

とにかく、俺はファンの粛清を頻繁に行うわけよ。タレントの仕事から手を引いてみたり、ラッパーに転身したり、トランス畑に移ってみたりと、それまでの蓄積をいとも簡単に捨て去ってしまう。だから、一向に金は貯まらないし、偉くもならないんだけどさ（笑）。

俺のすべての活動をフォローしてるファンって、ほとんどいないんじゃないかな。というか、フォローしきれないよ。だって、本人ですら、今まで何をやってきたんだかちゃんと把握してないもん。

自分を食わせてくれるファンに対して媚びる必要がないから、50年間も自由気ままにやってこれたんだと思う。逆説的ながら、その点に関してはファンに感謝してるよ。

ここまで延々と半生を振り返ってきて、最後になってこんなこと言うのも何だけどさ、俺、ノスタルジーに浸ることがないんだ。ユーミンの歌みたいに、「あの日にかえりたい」と思ったりすることが一切ない。

昔に戻りたいと望んだところで、タイムマシンでも発明されない限り、絶対にそれは叶わぬ夢。子どもの頃から、そんなことにエネルギーを注ぐのは無駄だなと考えてたんだ。

過去を振り返るのって、仮にそれが楽しい思い出だったとしても、結果を動かせないという意味では、後悔と変わらないじゃない。どっちにせよ、切なくなるだけだし。

俺、やっぱり戻るより進む方が好きなんだ。例えば、自分の目的地が渋谷と原宿の間の原宿寄りに位置するとしよう。品川駅から山手線の外回りに乗った場合、原宿駅で降りて手前に戻る形で歩いた方が時間的なロスが少ないとしても、俺はひとつ前の渋谷駅で降りて前に進みたいのよ。何なんだろうね、この性分。とにかく戻るのが嫌なんだ。

いつだって、今が一番面白いよ。


癌から生還した俺が最初に取り組んだのは、手のひらの生命線を延ばすことだった。俺、もともと生命線がすごく長くって、手首にまで食い込むぐらいだったのよ。それが、いつしか短くなっていた。

これはいけないと思って、暇さえあれば、親指と小指を近づけて皺を作るように心がけたんだ。なかなか難しいんだけどね。努力の甲斐あって、また延びてきた気がするよ。

とにかく、この生命線を見ると安心するね。俺、このままだと３００歳ぐらいまで生きちゃうんじゃないかな。

渡辺和博
（近田春夫『僕の読書感想文』国書刊行会より）

Interviewer's Note

下井草 秀

本書は、ミュージシャンの自伝としては破格である。何しろ、読んでも読んでもなかなかデビューまでたどり着かない。凡百の音楽家であったならば、知られざるその前史に関してはせいぜい数十ページも費やせば、後はプロとしてのキャリアへさっと筆を移すことができるだろう。

しかし、近田春夫の場合は、それ以前がすでにして濃密すぎるのだ。この自伝には複数巻が必要ではないかと幾度も感嘆した。本人の成長とともに純然たる郊外から高級住宅地へと姿を変える等々力に育ち、幼少時より一貫して私学の最高峰たる慶應義塾に通いながら、あえてそこから転げ出してハコバン生活を送る……。

この特別な側面から見た、戦後の東京人としての生活史は、とても貴重な記録になっているのではないだろうか。

そして、デビュー以降のめまぐるしい日々に関する証言には、ＧＳ時代から不断に続くこの国のロックの現場が描写されている。はっぴいえんどをルーツに戴いたいわば教科書的な史観とは異なり、別の角度から実相を照射する邦楽ロック史が浮かび上がったと思う。

筆者が近田さんと出会ったのは、おおよそ四半世紀前。某週刊誌の編集部に籍を置いていた時のことだ。それ以来、光栄にも何かと一緒に仕事をする仲となった。物事や他人に対する距離の取り方とか、万事に関する執着心の薄さとか、深刻ぶることを嫌う性分とかにおいて、共鳴する部分があったのではないかと勝手ながら想像している。

本書の取材・構成は、ただならぬ楽しさとやり甲斐に満ちていた。今後、これ以上に意義のある仕事を残すことができるのか、それが筆者のライター人生における課題となった気がする。

なお、この近田春夫自伝は、本来ならばエディターの川勝正幸によって取材・構成が行われるはずだった一冊であろう。まあ、別に氏の生前にこの企画が進んでいたわけではないが、もしも健在であったなら、その任に当たるのは間違いなく彼であったのは衆目の一致するところではないか。

しかし、川勝さんが2012年の1月末に亡くなったことにより、たまたまその近辺にいた筆者にお鉢が回ってくる運命となった。ちょっとした奇縁から私とリトルモアの間を取り持ってくれた、東北芸術工科大学講師のトミヤマユキコさんに感謝したい。

こういうことを言うのは不謹慎かもしれないけれど、近田さんが癌のステージⅣであることを知った際、筆者の脳裏には、川勝さんと自分が喪服をまとって一緒に近田さんの葬儀に参列する像が浮かんだ。だが、人の死の順番は想定を裏切る。近田さんの5歳下である川勝さんの方が先に逝った。近田さんは300歳まで生きるつもりらしいので、恐らく先に俺が死ぬ。近田さんにはぜひ焼香に来てほしい。棺桶の中で待っている。

仮に順当な形で川勝さんがこの自伝を執筆していたとすれば、遅筆で名を馳せた彼であるから、本書の刊行はかなり少なく見積もっても5年程度は遅れていたと断言する。近田春夫の古希の記念から喜寿の記念へと、主旨が変わっていたことだろう。その点に関してのみは、関係各所および読者諸賢に対し、この筆者に少しばかり感謝していただきたいものだと自負している。


川勝さんの没後、早くも9年が経つ。なので、故人に関しては説明が必要かもしれない。

川勝正幸は、56年生まれのエディターである。音楽、映画、書籍、その他の広汎なジャンルを横断する仕事は、その時代のポップカルチャーを理解するためのプラットフォームとして見事に機能した。

近田春夫の最良の理解者であった川勝さんは、ビブラストーンが発表した作品のジャケットにおける秀逸なクリエイティブディレクションを手がけ、また、歌詞集『VIBE RHYME』を編集した。

さらに、90年代の渋谷系文化に関しては、伴走者あるいは保護者と呼ぶべき重要な役割を果たした。ピチカート・ファイヴ、フリッパーズ・ギター、スチャダラパー、彼らの活動にも、川勝さんは陰に陽に関わっている。

その業績を知りたい読者には、河出文庫から刊行されている著書『ポップ中毒者の手記』シリーズに目を通すことをおすすめする。なお、星野源が18年にリリースしたアルバム『POP VIRUS』のタイトルは、同シリーズの英題から採られたもの。川勝正幸がまき散らしたポップ・ウイルスは、未だに浸透と拡散を続けている。

川勝さんと意気投合した筆者は、前世紀末からふたりによる「文化デリック」というユニット名を掲げ、雑誌への寄稿やトークイベントの開催といった活動を行った。クレイジーケンバンド、細野晴臣、星野源との仕事に、それは昇華されている。

ということで、この自伝に綴られたある時期以降の近田春夫に関する出来事のいくつかを、筆者は川勝さんとともに目撃している。なお、すべて下井草秀が構成を行った『調子悪くてあたりまえ』に関し、当事者の心境としては、川勝正幸がやり残した仕事を途中から引き継いだ感慨を抱いている。いわば共著みたいなもの。別に湿り気を帯びた美談をでっち上げたいわけじゃないし、実際的な税務上の問題もあるので、原稿料はすべて俺がもらっておくことにするが。

ライターとして関わったとはいえ、あくまでも他人名義の自伝に関して以下のようなことを宣言する資格を有するかどうかは分からない。常識的に考えたら、ない。だから、これはある種の越権行為かもしれない。

この際、それでも構わないので、どさくさに紛れて言っておくことにしよう。


本書を、川勝正幸に捧げる。

＊

本書を構成するに当たっては、下記の書籍を参考とした。

『気分は歌謡曲』近田春夫（発行・インターソング　発売・雄山閣／79年）
『プライド教育　こんな子をあんな子にする』吉田利博（カッパ・ホームス／90年）
『日本ロック大系［下］1957－1979』月刊「オンステージ」編集部（白夜書房／90年）
『音楽が好きだ！③　演奏しよう！　バンドっておもしろい』近田春夫（ポプラ社／94年）
『平凡パンチの時代　失われた六〇年代を求めて』マガジンハウス編（マガジンハウス／96年）
『考えるヒット』近田春夫（文藝春秋／98年）
『証言構成「ポパイ」の時代―ある雑誌の奇妙な航海』赤田祐一（太田出版／02年）
『イラスト・ルポの時代』小林泰彦（文藝春秋／04年）
『日本ロック史GS編　コンプリート』黒沢進（シンコーミュージック・エンタテイメント／07年）
『いるべき場所』ECD（メディア総合研究所／07年）
『黒く踊れ！　ストリートダンサーズ列伝』江守藹（銀河出版／08年）
『僕の読書感想文』近田春夫（国書刊行会／08年）

『丘の上のパンク　時代をエディットする男・藤原ヒロシ半生紀』藤原ヒロシ・監修　川勝正幸・編著（小学館／09年）
『山田広野の活弁半生劇場　活弁映画監督のつくりかた』山田広野（ポット出版／09年）
『内田裕也　俺は最低な奴さ』内田裕也（白夜書房／09年）
『特務機関長　許斐《このみ》氏利　風淅瀝《せきれき》として流水寒し』牧久（ウェッジ／10年）
『語りあかそう』ナンシー関（河出文庫／14年）
『AMETORA 日本がアメリカンスタイルを救った物語』デーヴィッド・マークス・著　奥田祐士・訳（DU BOOKS／17年）
『ロックンロールマイウェイ』恒田義見（uuuUPSbooks／17年）
『星くず兄弟の伝説の伝説』高木玉緒（uuuUPSbooks／18年）
『考えるヒット　テーマはジャニーズ』近田春夫（スモール出版／19年）
『VIBE RHYME［復刻版］』近田春夫（スモール出版／19年）
『ジェームス藤木　自伝』ジェームス藤木（シンコーミュージック・エンタテイメント／19年）
『テレビ開放区　幻の「ぎんざNOW！」伝説』加藤義彦（論創社／19年）

これらに加え、数多くの雑誌やウェブサイトを参照した。

あとがき

近田春夫

先ずお礼から。この度私の似顔絵を描いてくださった皆様。こんな無理なお願いを快く引き受けてくださるなんて！本当に嬉しかったです。私は幸せ者です。ありがとうございました。

いやぁ、このような本を出せるようになろうとは！　ホント、夢にも思わなんだ。

きっかけを作ってくれたのは、ビクターの川口法博さんだ。

何度か取材などでも川口さんの話はしてきたが、あらためて川口さんとの出会いのことから書いていこうかと思う。

最初はジューシィ・フルーツだった。17年。彼等が久々にアルバムを出すという。そうした流れのなかで、〝打ち上げ花火的〞にジューシィがライブを行う運びとなり、私はゲストに呼ばれ、昔、彼等がまだジューシィ・フルーツになる前の、近田春夫＆BEEFだった頃のレパートリー「ああ、レディハリケーン」を、一緒にやることとなった。

川口さんと初めて会ったのは、その当日の音合わせ／リハーサルのときである。プロジェクトの全体をとり仕切っていたのが、川口さんだった。

その頃、俺は殆どステージ活動から遠ざかっていた。というのも08年に癌を患って以来の、二度の手術と抗癌剤投与の副作用のせいで、いっとき体力／気力がすっかり衰えてしまい、とてもではないがライブどころの騒ぎではない。当分の間はリハビリに専念せざるをえなかった。おかげさまでそれも徐々に回復をし、ジューシィのライブの頃には体調はほぼ昔に戻ってきてはいたのだが。

人様の前で歌う／演奏するという、いわゆる現場から一旦遠のいてしまうと、再開するにも色々な意味で、勇気／エネルギーがいる。もうこの先、以前のようなライブパフォーマンスは無理かも……なんてぇこともつらつら思ってしまう日々なのであった。

そんな訳で、ジューシィのメンバーから連絡をもらった時も、正直迷った。

ただ、その少し前ぐらいから、手塚眞監督の主催する、映画『星くず兄弟の新たな伝説』関連のイベントに軽く顔を出したりはしていて、わずかずつではあるが元気をとり戻せてきているような感触もあった。

一か八かだ。ここは自分を試す／奮い立たすためにもいいチャンスと信じ、引き受ける方に賭けてみることにした。

今となって振り返れば、ジューシィからの誘いを断っていたら、その後自分はどうなっていたか？　ズルズルと何もしないまま、曖昧に自己正当化をしたそのあげく、シーンへの復活は結局叶わなかったかもしれぬ。

ジューシィのメンバーには、今でも本当に感謝している。

会場に着くとすぐに、久しぶりのジューシィとの音合わせが始まった。

新メンバーが加わっていようとこれは確かにジューシィの音だ！　そんなことも思いながら「あぁ、レディハリケーン」を歌い終え、ステージから客席へ降りて行くと、待っていたのが川口さんだった。

初対面の挨拶もそこそこに、川口さんの口からついて出たのが「いやぁ、歌いいですねぇ。ＣＤ出しましょうよ！」のセリフであった。いまだにその時の川口さんの笑顔、そして声の調子が忘れられない。

最初は、俺の体調や事情に気をつかっての、リップサービスかとも思ったものだ。だが決してそうではなかった。それは18年発売の、なんとソロ名義では38年ぶり！　となるアルバム『超冗談だから』こそが何よりの証拠だ。「出しましょうよ」と川口さんがいってくれた、まさにその結果こそが、この〝ＣＤ〟なのだから！　いやホント。超冗談のようだがこれは本当の話なのである。

さて、何せ38年ぶりのＣＤ発売である。買ってもらうためには、話題づくりだの宣伝だの、やれることは全部やらねばと。川口さんとそういう話になった。

何のことはない、当初、自伝はアルバムを盛り上げるための、いわば〝販促グッズ〟のひとつとして計画されたネタだったのだ。

ところで、やれることとは、通常は例えば、過去の作品のベスト盤を出すといった作業である。ところがこれが早速頓挫してしまった。というのも、私は過去一度もビクターから曲を出したことがなかった。そこで調べていくと、ビクター以外のレコード会社音源のみでビクターがベスト盤を作ることは、どうやら――業界には暗黙のルールがあるらしく――無理のようなのだ。それで諦めざるを得なかった。と、まぁそんな経緯なのだが後日談もある。実は、ちゃんとビクターから私のベスト盤『世界で一番いけない男』は出ているのだ。ただそれはアルバム『超冗談だから』発売よりずっと後のリリースなのだった。それじゃあ、そもそもの目的だった〝販促〟には何の役にも立っていないだろう（笑）！

ま、その効果の問題？　はさておき、付き合ってきて、川口さんという人に何より思うのは――何がなんでも有言実行みたいな意味とはちょっとニュアンスは違うのだけれど――自身の立てたプランを実現させる（このベスト盤の件が分かりやすいかな？）能力に大変長けていることだ。

そしてもうひとつ。音楽への造詣の深さが半端なものではない。それこそが、何よりの音楽に対する愛の深さの証でもあるのだが、愛が決して全方位には向いてはいかないのも川口さんだ。川口さんの情熱は、自分の好きな音楽を世に広めたい！　ということに、徹底して集約して注がれるのである。

そんな川口さんの人となりを一番よく表しているのが、その仕事ぶりだろう。

CDが売れなくなったといわれて久しい。そんななか、累計3万7千セットの売り上げ（20年春現在）が話題となり、メディア各方面でも取り上げられたので、ご存知の向きもあろうかと思われるが、『インドカレー屋のBGM』というシリーズがある。この企画から制作から何から何まですべてを手掛けたのが、何を隠そう川口さんなのである。興味を持たれた方は、詳細については、是非検索していただきたいが、要するに川口さんは、インドカレーが大好きで、よく行く店でいつもBGにかかっているインドのポップスが気になり、調べていくと日本ではその入手がなかな困難だとわかった。また、自分のようにインドカレー屋の音が気になる／欲しい人間も世にはきっといるはずだと。それならいっそ自分で売ってみようと行動をおこした。結果がこの驚異の売り上げ枚数となって、あらわれたのである。

川口さんと音楽（ことに洋楽）の話をしていると、時の経つのも忘れてしまう。そして歳の差も忘れてしまう。

私がまだ若い頃には、石坂敬一、折田育造、といった、本気で本当に音楽（なかでも、英語圏の商業音楽）を愛し、故に音楽事情に徹底的に詳しい、自分にとってはプロフェッサーといってもいいディレクターが各レコード会社には必ずいて、色々と薫陶を受けたものだ。

それがいつからか、業界の体質も変わり、現場で音楽のことを熱く語り合うような雰囲気は、日に日に薄れていった。実感としては、いわゆる〝タイアップ〟等々で、放送局、代理店、出版会社が、レコードビジネスに影響力を強く及ぼすようになったあたりからだろうか？

そんな業界の風潮に慣れっこになってしまっていた俺にとって——ひょっとして俺より音楽に詳しい若者？——川口さんの登場は、本当に衝撃的というか、頼もしいというか、大変に大きなものだった。

以来、川口さんとは、レコード会社のディレクターとアーティストという関係を超えて、人間同士として、ずーっとお付き合いをさせてもらっている次第である。

ちなみに、川口さんからの発注で、ジューシィ・フルーツ及び、SOLEIL に向けて書いた楽曲は、どちらも我ながら、すごく出来が良いと思えるものなので、是非聴いてみて下さいね。

とにかく、川口さんとの出会いがなければ、この本の話はなかった。それだけは間違いのないことなのである（アルバムの販促の役に立ったのかどうかは、例によってよくわからないのだが……）。

この『調子悪くてあたりまえ』の刊行にあたり、川口さんともう一人、私には最大限に感謝の気持ちを伝えなければならぬ、大切な人間がいる。

下井草秀である。

下井草との出会いは、もうかれこれ20年以上も過去に遡る。その頃まだ20代だった下井草もいまや立派な中年になっているのだから、時の流れというものを思わずにはいられない。

時の流れということで申せば、下井草と作業を始めたのは、19年の夏ぐらいで、その時分はまだこの世に、コロナのコの字もなかった。いま振り返り、あれやこれや取材の日々のことなど思い出すと、なんだかやたらと遠い昔のことだった気がしてしまう。

今回、下井草にあらためて思う、いやリスペクト申し上げたいのが、その資質というのか、取材へのエネルギーの並大抵ではなかったことである。とにかくしつこく、不明な点や疑問があれば、納得がいくまで、怯まず容赦なくメールなりで細かな質問をぶつけて来るのだ。その度胸の座った好奇心（ライター魂？）のなかりせば、『調子悪くてあたりまえ』の密度の濃い、充実感ある仕上がりは叶わなかったろう。

てな訳で、そういったことも含め、読者にとって、この本の読みどころとはどこなのか、何なのか？　敢えて上から目線で申せば、それは結局、私というものを通じて、この国の音楽／芸能のシーンを〝袖で見る〟醍醐味を味わうことが出来る。これに尽きると私は思っている。

袖とは、舞台の脇のことを指す〝符牒〟で、この場所に立ち入ることは関係者にしか許されない、要するに特権である。「All Area Ok」のパスを持つか、或いは〝顔パス〟が利かないと、それは叶わぬ行為なのである。その資格を得るそのために、私はずーっと業界で音楽をやってきたとまではいわないが、そういってもいいぐらいその〝VIP席〟に陣取ることを無類の喜びとして、生きてきたと思う。

読むとその意味はよーくわかる筈だ。

是非みなさんには、私と一緒に、そのヤクザな景色のリアルな感触を、楽しんで／味わっていただきたいのである。

最後になりましたが、リトルモアの大嶺洋子さん、加藤基さん。お二人がいてくださったおかげで、こんなに素晴らしい本が完成しました。ありがとうございました。

２０２０年冬

ね

の

は

ひ

ふ

ボーナス・トラック

私が見た筒美京平という〝天才〟

近田春夫

筒美京平の名を最初に意識したのは、グループサウンズ全盛の頃だった。といって、実はそれは決して好印象なものでもなかった。

昭和42年のことである。

当時、生意気盛りの高校生であった私は、何よりGS／ロックにのめり込んでいて、それこそ〝一端《いっぱし》の通〟を気取っていた。好むバンドも当然〝渋い〟ものとなる。

ご贔屓のひとつが、ヴィレッジ・シンガーズだった。

あまりフォークロック系は好きではなかったのだが、デビューシングル「暗い砂浜」での12弦ギターの用い方等々の、モダンなセンスに感銘を受け「この人たちは分かってる！」と、勝手に決めつけ、好んで聴いていたのだが、玄人受けで大したヒットにはならなかった。

それで新規蒔き直しということになったのだろう、清水道夫をリードボーカルに迎えフォーメーションもあらたに、捲土重来を図る意味でリリースされたのが「バラ色の雲」だった。

これが、鳴り物入りといっていい売り出しも手伝ってか（清水道夫のフェロモンも無論無関係ではない）、たちまちの大ヒットとなったのである。だが、曲調は、前作とは似ても似つかぬ、エレキバンド編成であることの必然性のほぼない、単なる甘口のフォーク歌謡のようなものだった。

私は幼心にも、またこうしてどんどんGSというものは陳腐化／無意味化してゆくのだなぁと、悲しい気持ちになった。それはザ・スパイダースが「夕陽が泣いている」を出した時にも思ったことだったが……。なにせ当時の俺は、それこそゴリゴリの〝ロック少年〟で、GSこそが日本に音楽革命をもたらしてくれるものと本気で信じていたのである。そんな私にとって「バラ色の雲」の示す方向性は、正に反動そのものに思えた。そしてその作曲者こそ、いわずと知れた筒美京平その人だったのである。

そんな訳で、私は〝のっけから〟京平さんの音楽の大ファンだったというのではないのだが、気になり始めたのも、やはりGSだった。

ザ・ジャガーズ「星空の二人」、そしてオックスの「ダンシング・セブンティーン」。どちらもソウルミュージック、それもモータウンではなく、スタックス系の、いわゆる〝リズム&ブルース〟のマナーを意識したと思われる、ダンサブルなナンバーで、「バラ色の雲」などの歌謡路線とは、全く別物といっていい曲調である。

2曲は、68年の9月、ほぼ同じ時期に発売された。今あらためて聴き直すと、ホーンのアレンジ、和声の動きなどには似通ったところもある。ひょっとして並行して曲作りが行われていたのだろうか。そのあたりの経緯は今となっては確かめようもないが、とにかくこうしたテイストの曲というのは、それまでの日本の歌謡曲にはみられなかった。

一体これらも書き、「バラ色の雲」も書く人とはどういう人なのだろう？　そこから、私の筒美京平という音楽家への興味は芽生えていったのである。

ところでGSといえば、一連の、ザ・ジャガーズに提供された官能的快感溢れる作品群もさることながら、見逃せないのが、ザ・ガリバーズの「赤毛のメリー」だ。京平さんの作風というのは、基本、あまり聴き手にナゾを残さないのだが、これは珍しく変な曲だった。無意味な転調が施されていたりするのである。

ただ、いずれにせよ作曲家としての本格的大ブレークは、まだもう少しあとのこと、GSブームが去ってからだ。

70年代に入り、アイドル全盛の、いわゆるTV黄金時代が始まると同時に、筒美京平は、その本領を発揮し始め、あれよあれよというそれこそ瞬く間に、驚異のヒットメーカーとしての〝不動の地位〟を、ほしいままのものにしてゆくのである。

そこには無論、放送局や出版会社など、音楽そのものとは直接関係のない要素も絡んでいない訳ではなかっただろうが、そちらの事情については、私は疎い。ここはあくまで〝表現〟のことに的を絞って話をしていこうかと思う。

といって、筒美京平には何か秘密なり特別な秘訣なりがあったのか？　そこは私にも何ともいえぬ。ここではとりあえず思いつくままに、あれこれ述べてゆくこととしよう。

全作品を通じ一貫して感じられるひとつは――先にザ・ジャガーズに触れた折にも書いた――官能的（具体的な説明は後ほどするが）だということである。

他方、楽典的解釈に耐え得る論理的構造を必ず有するということも挙げられよう。

専門職としてのルーツに関して、着目しておきたいのが、若かりし頃制作された、ビートルズをバート・バカラック風味の音に仕立て上げるという企画のアルバムである（『Bacharach meet the Beatles』）。

その音を聴き、思うのは、ビートルズとバカラック、水と油といってもいい音楽性を持つ二者を、無理なく融合させるにあたり、編曲者筒美京平の苦労は如何ばかりであったかということだ。相当な研究／解析を余儀なくされたことは想像に難くない。この仕事を通じ体得したものは大きかったのではないだろうか？

殊に、バカラックのアカデミックな音楽センスに触れたことは、その後の筒美京平の編曲面における、幅を広げ奥行きを深めるのにも、大いに役立ったに違いない。これはあくまで私見ではあるが……。

素晴らしき作曲家であると同時に、優れた編曲家であったことは、筒美京平を語るとき触れぬ訳にはいかぬ大切なポイントだと思うのであるが、かかる文脈において、珍しくアレンジャーとしてのみクレジットされた、ザ・スパイダース「真珠の涙」などは貴重な資料といっていいと思う。

筒美京平の魅力といったとき、そういった〝一流の技術職〟としての腕の確かさというのも、勿論抜きには語れぬ大切な要素ではある。だがそれよりなにより筒美京平の書くメロディには、何故か耳に入ってきた途端もう抗い切れぬものがあるのだ。フィジカル／生理的な心地よさだ。

それは、美人というものは一目見た瞬間からもう美人なのであって、よーく考えてみたら美人だったという話はないよ、というのと似ていることなのかも知れない。

先に〝官能的な快感〟といったのは、つまりはそのことなのである。

さて、誰の書いたものに限らず、耳にした旋律（和声を含む）に心がたちまち奪われてしまうとき、そこに〝理屈では説明のつかぬ何か〟の介在を実感する場合は大いにあると思うのだが、そうした〝素敵なメロディ〟が書ける書けぬという能力には、努力や勉強では賄いきれぬ部分のあるのも事実。こればっかりは天賦の才によるところが大きい。

筒美京平にはこれが備わっていた。

すなわち〝天才〟である。

その紡ぎ出すいちいちの旋律の、我々の琴線に触れずには居られぬことについて、後付けの理屈や分析も決して不可能ではないのだろうが、あれだけのヒット作品を生涯にわたり量産し続けたとなると、事情はまた別だ。そこには、おそらく本人にも説明のつかぬものはあったに違いないと、私は推測するのである。

そうしたあれこれ、折にふれ、本人から、直接色々話を聞けたのは、今となれば本当に幸せなことだった。

私を京平さんに引き合わせてくださったのは、私のキングレコード所属時代の担当ディレクター、井口良佐さんだ。

何かの折に「僕、筒美京平さんを尊敬してるんです」という話になると、井口さんはあっさりと、じゃ、今度紹介してあげるよというのである。そこで初めて、井口さんが大学で京平さんの後輩にあたり、日頃から親しくお付き合いをされていることも知ったのだが、ビートルズのバカラック風アレンジという企画も、実は井口さんのアイデアである。

井口さんに連れられ、私は、ミックスを終えたばかりの、近田春夫&ハルヲフォンの2枚目のシングル「恋のT.P.O.」を携え、当時麻布にあった京平さんの仕事場にお邪魔をすることとなった。

この曲はいってみれば「よろしく哀愁」や「わるい誘惑」といった、郷ひろみのヒット曲のパロディ、要するに〝インチキな筒美京平サウンド〟になっているのだが、それを初対面の本人に聴いてもらおうというのだから、今思えば、私もホントに怖いもの知らず、いい度胸をしていたものである。

筒美京平という人の印象は、初めての出会いの時からついぞ変わることはなかった。その素敵な笑顔、都会的に洗練された物腰の柔らかさを忘れることは一生ないと思う。

それは、生前に京平さんと交流のあったすべての人が、談話などを通じ、表現は違えど同じ意味のことを述べているだろう。本当にその通りなのだ。

天才とは、単に〝一芸に秀でただけの変人〟を指すのではない。全人格的に人をして惹きつける内面を必ず有するものだということはよくいわれてきたけれど、筒美京平とは、まさしくその、誰に対しても変わることのない、人間としての優しさこそを、音楽というものに託し多くの人々を幸せにしてみせた、真の天才だったのだと、私はあらためてそう思うものである。

私はただ一度だけ京平さんに呼び出され、怒られたことがあった。音楽／仕事のことではない。私生活のだらしなさを指摘されたのだ。実際、当時、私は人として不誠実な生き方をしていた。

京平さんは、そんな私を本当にイヤだったのだと思う。だが、その時も、厳しくはあっても、心のこもった優しいコトバをかけてくださった。このときほど京平さんの愛を感じたことはない。

音楽家筒美京平の特色を、今あらためて語るとして、何かひとつ作品を例に挙げて考えるとするならば、小沢健二の「強い気持ち・強い愛」だろうか。

小沢健二のそれまでの自作曲というと、その存在や人格との一体化で魅力を成立させているようなところがあった。それがここでは、筒美京平はそうした過去に全く囚われることなく、純粋に楽器としての小沢健二のノドにのみフォーカスを絞り、その美味しさを抽出してみせているのである。〝カリスマ小沢健二〟ではなく〝一ボーカリスト〟としての小沢健二の声が持つ、それまで味わった事のない色気をこのシングルで初めて教えられたとき、私は筒美京平の職業音楽家としての哲学／矜持とは何なのか。その片鱗を垣間見た思いがした。

筒美京平にとっては、その歌い手（あえて申せばクライアントだ）が何者かだの、それこそ〝生き様〟などはどうでもいいことで、重要なのは、ただただ〝声〟だけだった。

そう捉えてみると、たしかに京平さんの書く曲には共通する質感――湯浅学はいみじくも〝かろみ〟と評したが――のあることにも合点がいく。

それは、今述べたような、歌い手との距離の取り方の、揺るぎなき一定感、すなわち――誰に対しても――その内側や背景と結びつくことと無縁である作曲姿勢から来るものに違いない。「強い気持ち・強い愛」を聴きながら、私はそう確信したのである。

ややもすると、そこに作品より人を求めがちな我が国の大衆音楽シーンにおいて、そうした、生臭さの一切ないスタンスを貫き通しながらも支持され続けてきた作風／仕事ぶりにこそ、筒美京平の存在意義はあったのではないか。

この曲が出たしばらく後に、京平さんとお会いすることがあって、そんな話のしがてら、しかし、「あのサウンド、サルソウル（アメリカの著名なディスコのレーベル）っすよね」という話になると、「そう！　あのあたりはホント、僕と一緒よ、作り方が」と仰せられ、そこから色々と作曲談義に花が咲いた。筒美京平の口からサルソウル！　今となっては貴重な体験である。

最後に、私ごとで恐縮だが、2年前久しぶりにアルバムを作ることになり、是非とも京平さんに一曲書いていただきたく、ご連絡差し上げたところ、体調が今ひとつなので、というお返事をいただき、実現は叶わなかった。これが私の最後の京平さんとの思い出である。

初出：「文春オンライン」2020年10月31日「ただ一度だけ京平さんに呼び出され、怒られたことがある」近田春夫がみた筒美京平という〝天才〟

近田春夫　ちかだ・はるお

慶應義塾大学在学中から、内田裕也のバックバンドでキーボード奏者として活躍。1972年に「近田春夫&ハルヲフォン」を結成。音楽活動と並行して、78年から84年にかけて、雑誌「POPEYE」に伝説的なコラム「THE 歌謡曲」を連載。78年には早すぎた歌謡曲カバーアルバム『電撃的東京』をリリース。79年には、アレンジ・演奏に結成直後のイエロー・マジック・オーケストラを起用したソロ・アルバム『天然の美』をリリース。「エレクトリック・ラブ・ストーリー」、「ああ、レディハリケーン」では漫画家の楳図かずおを作詞家として起用。81年には「近田春夫&ビブラトーンズ」を結成、アルバム1枚とミニアルバム1枚をリリース。85年からはファンクやラップに注目、President BPM名義で活動。自身のレーベルBPMを率いて、タイニー・パンクスらと日本語ラップのパイオニアとも言える活動を行う。87年には「バンド形式によるヒップホップ」というコンセプトでビブラストーンを結成。現在は元ハルヲフォンのメンバー3人による新バンド「活躍中」や、OMBとのユニットである「LUNASUN」でも活動。そして、18年10月31日にソロ名義としては38年ぶりとなるアルバム『超冗談だから』をリリース。文筆家としても、週刊文春で名物コラム「考えるヒット」で知られ、19年1月からは「ミュージック・マガジン」で「近田春夫の帯に短し襷に長し」を連載開始。19年には最新ベストアルバム『近田春夫ベスト～世界で一番いけない男』をリリース。また、自身のYouTubeアカウントから「コロナ三密音頭」「オリパラ音頭」「PANDEMIC~Who is criminal?」を発表するなど、旺盛な活動を続けている。

下井草秀　しもいぐさ・しゅう

1971年宮城県生まれ。エディター／ライター。音楽、映画、書籍といったカルチャーに関する記事を「TV Bros.」「本の雑誌」などに寄稿。また、照山紅葉（秦野邦彦）との「ダミー&オスカー」、川勝正幸との「文化デリック」としてユニット単位でも活動する。これまでに構成・執筆を手がけた単行本に、細野晴臣・星野源『地平線の相談』（文藝春秋）、横山剣『僕の好きな車』（立東舎）、『ジェームス藤木 自伝』（シンコーミュージック・エンタテイメント）などがある。

ISBN978-4-89815-536-3 C0073

Printed in Japan

調子悪くてあたりまえ　近田春夫自伝　2021年2月25日 初版第1刷発行／2021年4月22日第3刷発行　著者：近田春夫　構成：下井草秀　デザイン：前田晃伸、黒木晃　協力：川口法博（JVCケンウッド・ビクターエンタテインメント）、高護（ウルトラ・ヴァイブ）帯写真：大熊一実（表3左、「ミュージック・マガジン」1988年2月号より）、石田昌隆（表3右、「ミュージック・マガジン」91年4月号より）　絵：Dafen Village Online.com（カバー、P353）、近田春夫（表紙）　編集：加藤基、大嶺洋子　発行者：孫 家邦　発行所：株式会社リトルモア　〒151-0051 東京都渋谷区千駄ヶ谷3-56-6　Tel. 03-3401-1042　Fax.03-3401-1052　www. littlemore.co.jp　印刷・製本所：中央精版印刷株式会社

近田春夫の肖像

桐島かれん

人間BBQ…
俺もう何やってんだか
わかんねえんだよな AT INK STICK
DECK
調子乗ってあたりまえ
黄色
オリパラ音頭
HONDA BEAT AT CHINA TOWN!
近
FUNKYダッコ!
CRAZY

横山剣

俺は理屈ぬきに理屈が
好きなんだよね…
AT MY HONMOKU
ROCK
Hammond
AT HIBIYA YAON!
あの頃〜ジョカ〜 ジェットコース
グローリアのうわさ
言えなかったんだ
♪TVエンジェル
ハルヲフォン
ぎんざNOW!
真っ赤なドレス
かわいい娘ちゃん
踊りに行こうよ

内田玄兎（本木雅弘　次男）

清水ミチコ

名曲
ムード歌謡で始まって
途中でロックになり
譜面台ぶっこわす
足
どかーん
おりゃあああ
頭おかしい
ハルラ
パンクと歌謡曲の融合

ピストン西沢

岡本章生とゲイスターズみたいなやつ
おれが中学生の時、ロックおもしロックで見たハルヨフォン
恋のT
ハルヨフォン
ハルヨフォン
ハルヨフォン
中学生のオレ
ポカーン
♡最高だ
ぴすとん西沢

杉作J太郎

不明

手塚眞

こぐれひでこ

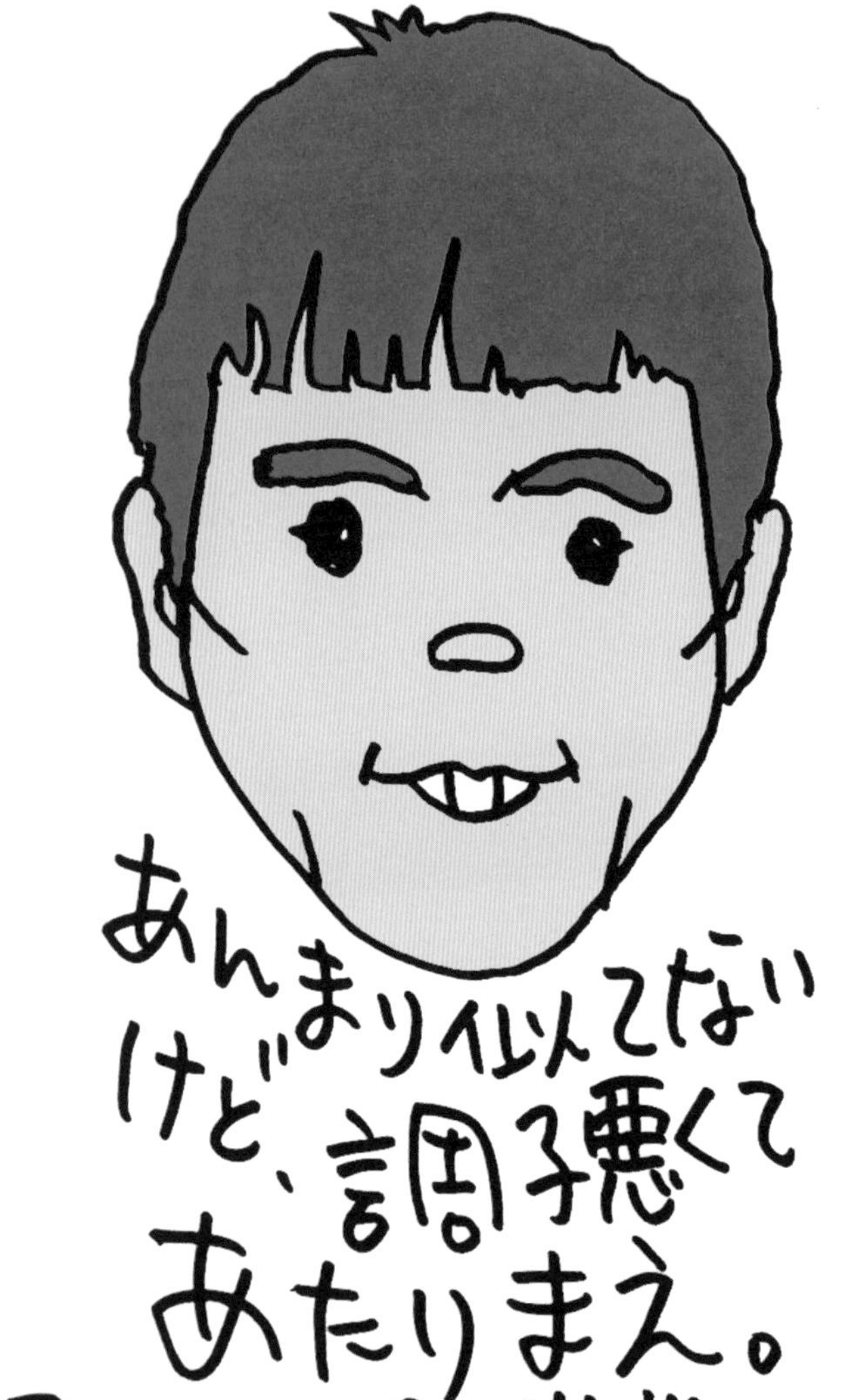
あんまり似てないけど、調子悪くてあたりまえ。
I ♥ HARU
Lily

リリー・フランキー

末井昭

根本敬

秋元康

内田春菊

石野卓球

江口寿史

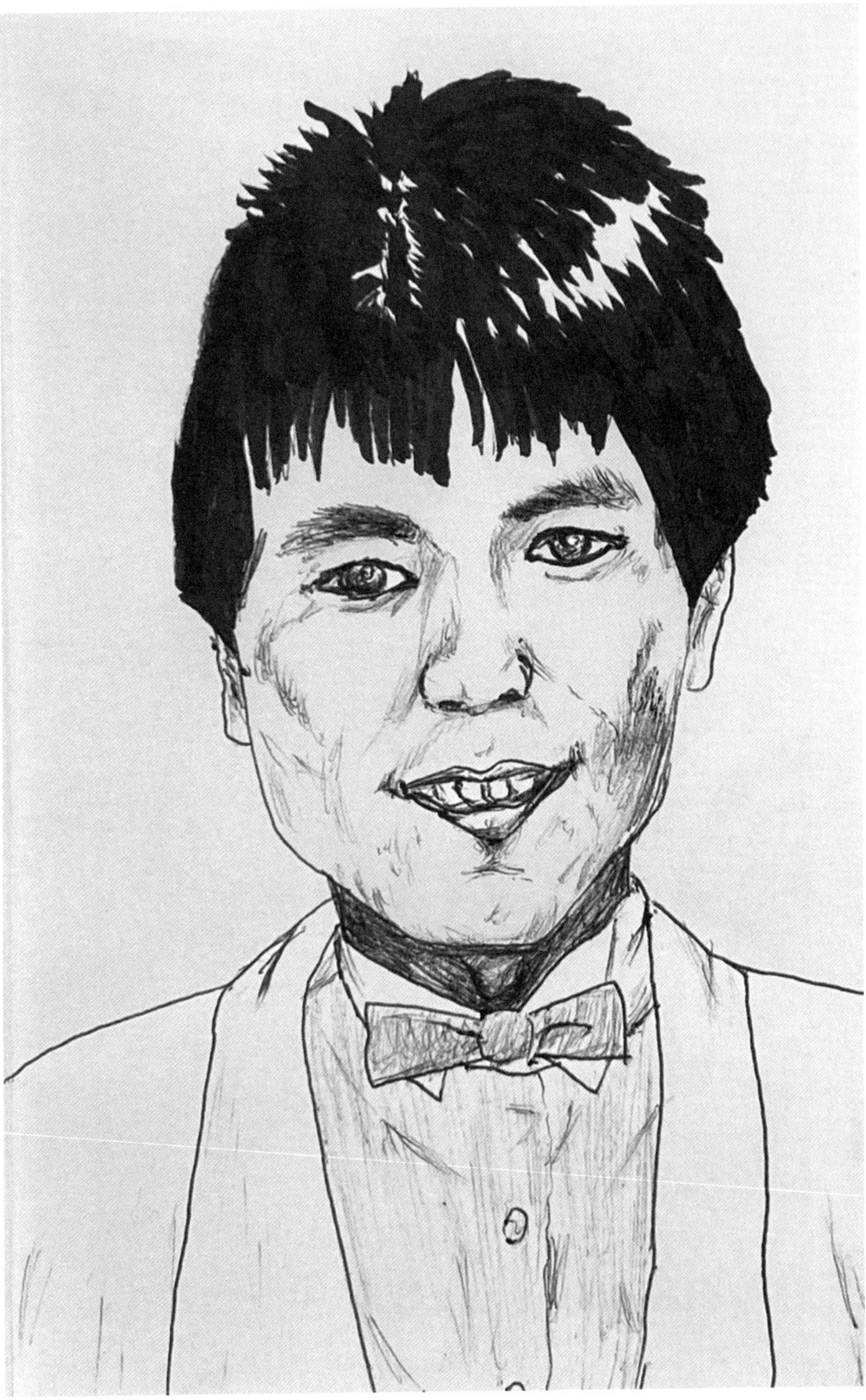

浅野忠信

近田春夫

高木完

安齋肇

大竹伸朗

クリス・ペプラー